ARNO BACKHAUS

Ist das Kunst oder kann das weg?

Widersprüchliches zum Lach(denk)en
Teil 2

Brendow.
VERLAG + MEDIEN

Es war uns leider nicht möglich, alle Fremdzitate ihren jewei-
ligen Urhebern zuzuordnen. Für entsprechende Hinweise sind
Verlag und Autor dankbar.

Bibliografische Information der Deutschen Nationalbibliothek
Die Deutsche Nationalbibliothek verzeichnet diese Publikation
in der Deutschen Nationalbibliografie; detaillierte bibliografische Daten sind im Internet über www.d-nb.de abrufbar.

2. Auflage 2013
ISBN 978-3-86506-402-8
© 2012 by Joh. Brendow & Sohn Verlag GmbH, Moers
Gesamtgestaltung: Brendow Verlag, Moers
Druck und Bindung: CPI-Clausen & Bosse, Leck
Printed in Germany
www.brendow-verlag.de

INHALT

Wer **A** sagt, muss nicht B sagen. Er kann auch erkennen, dass A falsch war.

> **Aberglaube** überzeugt mich erst dann, wenn jemand das 13. Monatsgehalt ablehnt.

Außen hui – innen Feng-Shui.

Halloween ist der einzige Tag im Jahr, an dem die Amerikaner ihre Maske ablegen.

Man glaubt nicht, wie viel man glauben muss, um ungläubig zu sein.

Ist Bestechung ein Nebenzweig der Akupunktur?

Astrologie ist eine Form von Aberglauben, die sich anmaßt, Gott in die Karten zu schauen.
Hoimar von Ditfurth

Viele Wahrsager werden zu Zwarsagern.

Vom Wahrsagen lässt es sich gut leben, aber nicht vom Wahrheit-Sagen.

Sterne lügen nicht. Logisch, sie können ja auch nicht reden.

Nicht die Sterne, sondern der Teufel zwingt die Wahrsager zur Falschaussage.

Astrologen sind Leute, denen die Sterne nicht schnuppe sind. *Klaus Klages*

Mit dem **Alltag** ist es wie mit einer großen Welle: Du solltest auf ihr surfen – und nicht unter sie geraten. *Hans Joachim Eckstein*

Hohes **Alter** ist eine zweite Kindheit – ohne Lebertran. *Mark Twain*

Man kann einer Frau alles ausreden, wenn man ihr einredet, es mache sie alt. *Peter Sellers*

Wer viele Geburtstage haben will, muss länger leben.

Wer alt werden will, muss früh damit beginnen.

Es kommt nicht darauf an, wie **alt** man ist, sondern wie man alt ist.

Das Alter lässt sich leichter ertragen, wenn man den Faltenentwurf im Gesicht als künstlerische Drapierung betrachtet.

Altwerden ist nix für Weicheier!

Das mittlere Alter ist da, wenn der Haarschnitt allmählich in Naturschutz übergeht.
Heinz Erhardt

Das Belastende im Alter ist nicht der Abbau, sondern das Unerledigte und Unwiederbringliche.
Walter Schulte

Männer werden nicht älter, nur ihre Spielzeuge werden teurer.

Ab einem gewissen Alter tut auch Freude weh.
Charlie Chaplin

Der 52-jährige Wulff geht in Rente, um vom 70-jährigen Gauck ersetzt zu werden.

„Was ist das Geheimnis für Ihr hohes Alter?" – „Das kann ich noch nicht genau sagen, ich verhandle zurzeit noch mit ‚Doppelherz' und ‚Klosterfrau Melissengeist'."

Eine **Angewohnheit** kann man nicht aus dem Fenster werfen. Man muss sie die Treppe hinunterprügeln, Stufe für Stufe.
Mark Twain

Je älter man wird, desto mehr ähnelt die Geburtstagstorte einem Fackelzug.
Katherine Hepburn

Frauen werden älter als Männer, weil sie länger dreißig sind. *Ugo Tognazzi*

Viele würden sagen: „Ich habe **Angst**!", wenn sie mutig genug wären. *Robert Heinlein*

Antiquitäten sind Kitsch von gestern zu Preisen von heute. *Jacques Tati*

Arbeit ist eine so faszinierende Sache, dass ich anderen stundenlang dabei zuschauen könnte.
Jerome K. Jerome

Die Kunst des Ausruhens ist ein Teil der Kunst des Arbeitens.
John Steinbeck

Mit nichts auf der Welt kann man so viel Zeit und **Arbeit** sparen wie mit Aufrichtigkeit.
Henry Cohen

An manchen Tagen gibt es zu allem Überfluss auch noch **Ärger**!

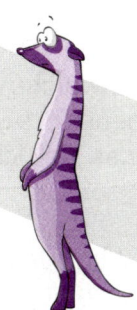

Armut schafft Demut
Demut schafft Fleiß
Fleiß schafft Reichtum
Reichtum schafft Übermut
Übermut schafft Krieg
Krieg schafft **Armut**

„Haben Sie zugenommen?", fragt der **Arzt**. – „Wieso?" – „Passen Sie etwas auf sich auf, ich habe nur ein eingeschränktes Gesichtsfeld."

Die Zeit heilt keine Wunde, man gewöhnt sich nur an den Schmerz!

Liebe ist eine Krankheit, bei der gleich zwei ins Bett müssen.

Die Erforschung der Krankheiten hat so große Fortschritte gemacht, dass es immer schwerer wird, einen Menschen zu finden, der völlig gesund ist. *Aldous Huxley*

Ich hatte letzte Woche einen Augen-Tinitus, habe die ganze Woche nur Pfeifen gesehen.

Lieber ein Lied auf den Lippen als ein Pfeifen im Ohr.

Manchmal muss man die **Augen** schließen, um klarer zu sehen.

„Und welche **Ausrede** hast du heute?" – „Keine." – „Wie, und das soll ich dir glauben?!"

Manche Menschen drücken nur ein Auge zu, damit sie besser zielen können.

„Angeklagter, warum haben Sie das **Auto** gestohlen?" – „Ich musste schnell zur Arbeit, Herr Richter." – „Sie hätten doch den Bus nehmen können." – „Für den habe ich keinen Führerschein."

Ich bin Auto-didakt, dadurch mache ich automatisch bestimmte Er-fahr-ungen, die mich im besten Falle zur Auto-rität werden lassen.

Der Fahrer eines VW-Käfers fragt seinen ebenfalls im Stau stehenden Nachbarn, der einen

Porsche 911 fährt: „Und? Wie schnell steht Ihr Auto im Stau?"

Umleitungsempfehlung bei Aggressions-Stau: Durchatmen.

Je schneller wir fahren, desto schneller stehen wir im Stau.

Zylinder ist das Statussymbol, das man nicht mehr auf dem Kopf, sondern unter der Motorhaube trägt. *Ron Kritzfeld*

Zerbrochenheit ist ein Schatz, der dir **Autorität** geben kann.

Autorität lässt sich nicht mit dem Automobil erwerben.

Bausparkasse: Wir beraten Sie in Grund und Boden.

Was haben Kampfhunde und **Beamte** gemeinsam? Alle sagen immer: „Die machen doch gar nichts!"

Für die Beamtenlaufbahn reicht's, wenn man geht.

Zum Abbau der Bürokratie fehlen uns einfach die nötigen Beamten. *Karl Farkas*

Eine **Beleidigung** trifft umso tiefer, je mehr sie zutrifft. *Wolfgang Gruner*

Bescheidenheit ist die Kunst, nicht zu mögen, was man sowieso nicht kriegt. *Georg Thomalla*

Bescheidenheit ist eine Tugend, die man vor allem an anderen schätzt. *François de La Rochefoucauld*

Für Bescheidenheit wird ein Mensch bewundert, falls die Leute je von ihm hören sollten. *Edgar Watson Howe*

Wer weniger **besitzt**, wird weniger besessen.
Friedrich Nietzsche

Es bekommt einer Sache **besser**, wenn sich einer dafür erwärmt, als wenn sich hundert dafür erhitzen. *Robert Lembke*

Besser weniger, aber besser.

Das Beste liegt nie hinter uns, sondern vor uns.

Wir sind **bewahrter**, als wir wahrnehmen.

Du bist die Welt. **Beweg** dich!

Bewunderung ist die Tochter der Unkenntnis.
Benjamin Franklin

Wir leben in einer Zeit der kontaktarmen **Beziehungsarmut**.

Jeder Mensch sollte zwei **Blätter** Papier mit sich tragen und jeden Tag daraufschauen. Auf dem einen steht: „Du bist nichts anderes als Staub und Asche", auf dem anderen steht: „Für dich wurde das Universum erschaffen."

Die **Börse** kennt nur zwei Gefühle: Habgier und Angst.

Es gibt im Leben Gute und **Böse**. Wer die Bösen sind, entscheiden die Guten!

> Die Welt wird nicht bedroht von den Menschen, die böse sind, sondern von denen, die das Böse zulassen.
> *Albert Einstein*

Die großen Augenblicke im guten wie im bösen Sinne sind die, in denen wir getan haben, was wir uns nie zugetraut hätten. *Marie von Ebner-Eschenbach*

Gib niemals auf – höchstens einen **Brief**.

„Herr Bäcker, das **Brot** ist ja von gestern. Ich will eins von heute." – „Brot von heute gibt es leider erst wieder morgen."

„Was halten Sie vom **Bruchrechnen**?" – „In Mathe geht's, aber beim Skifahren ist das nicht so schön, da muss man ja auch immer mit einem Bruch rechnen."

Ein **Buch** ist wie ein Garten, den man in der Tasche trägt.

Wenn sie mein Buch schon nicht lesen, kaufen sie es wenigstens.

Es gibt Menschen, die schreiben Bücher, nicht, damit andere Menschen aus dem Inhalt klüger werden, sondern damit alle anderen mitbekommen, wie schlau der Buchautor ist.

C

Geliebtes **Chaos**, du bist schon in Ordnung.

Investiere dich in Ziele, die deinen **Charakter** veredeln.

Kümmere dich mehr um deinen Charakter als um deinen Ruf, denn dein Charakter ist, wie du wirklich bist, während dein Ruf nur das ist, was andere von dir denken. *John Wooden*

Geld verdirbt nicht den Charakter, es verdeutlicht ihn.

Ein guter **Chef** macht nicht alle Fehler selbst. Er gibt auch anderen eine Chance.

Zwei **Computer** unterhalten sich. Fragt der eine: „Was gibt es bei dir zum Fest?" – „Eine neue Festplatte."

Hiroshima 45, Tschernobyl 86, Windows 95 ...

Wenn es im Jahre 1879 schon Computer gegeben hätte, würden diese vorausgesagt haben, dass man infolge der Zunahme von Pferdewagen im Jahre 1979 im Pferdemist ersticken würde.
John C. Edwards

Wenn du einen **Dänen** mit einem Messer siehst, mach dir keine Sorgen, er sucht nur die Gabel!

Danke schön, nicht zanke schön!

Demokratie
bedeutet, dass zehn Füchse und ein Hase darüber abstimmen, was es zum Abendessen

Demokratie heißt: die Spielregeln einhalten, auch wenn kein Schiedsrichter zusieht.
Manfred Hausmann

gibt. Freiheit bedeutet, wenn ein Hase mit einer Schrotflinte die Freiheit hat, die Wahl anzufechten. *Vince Ebert*

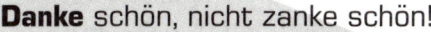

Solange **Denken** wohltut, hat es noch gar nicht begonnen. *Karlheinz Deschner*

Wie soll ich wissen, was ich denke, wenn ich nicht höre, was ich sage?

Denken hilft zwar, nützt aber nichts.

Wenn jeder an sich denkt, ist an jeden gedacht.

Denken ist die schwerste Arbeit, die es gibt. Das ist wahrscheinlich der Grund, dass sich so wenige Leute damit beschäftigen. *Henry Ford*

Lieber heimlich schlau als unheimlich doof.

Gedanken sind zollfrei, aber man hat doch Scherereien. *Karl Kraus*

Wer nicht gerne denkt, sollte wenigstens von Zeit zu Zeit seine Vorurteile neu gruppieren.
Luther Burbank

Ein Afrikaner: „Bei euch in **Deutschland** sind die Regale voll, aber die Gesichter leer."

Im Deutschen ist das Fräulein geschlechtslos, die Autobahn weiblich und der Busen männlich.

Diktatur ist die Herrschaft der Uniformierten über die Uninformierten. *Rolf Hochhut*

D

Mit Fanatikern zu **diskutieren** heißt, gegen eine Mannschaft Tauziehen zu spielen, die ihr Seilende um einen dicken Baum geschlungen hat.
Hans Kasper

Die härtesten **Drogen** auf der Welt sind Bahnübergänge: Nur ein Zug, und du bist weg ...

Ich würde mich gerne mit Ihnen geistig **duellieren**. Aber Sie sind ja unbewaffnet!

Arroganz ist die Kunst, auf seine eigene **Dummheit** stolz zu sein.

Menschliche Dummheit ist international.
Kurt Tucholsky

Erfahrung ist der Name, mit dem jeder seine Dummheit bezeichnet. *Oscar Wilde*

Der Klügere gibt nach! Eine traurige Wahrheit, sie begründet die Weltherrschaft der Dummheit.

Es gibt kaum etwas Schöneres, als dem Schweigen eines Dummkopfes zuzuhören.
Helmuth Qualtinger

E

Wer **egoistisch** ist, hat zusätzlich mit sich selbst jede Menge Unannehmlichkeiten.

Ich trete ein für **Ehe**-rotik!

Zusammen ist man weniger allein.

Es gibt in Deutschland immer weniger Scheidungen. Logisch, es heiraten ja auch immer weniger.

Ehe heißt: ein Mann – eine Frau – ein Leben lang.

Lieber 'nen stürmischen Ehemann als 'nen windigen Liebhaber.

Die Ehe ist eine gerechte Einrichtung: Die Frau muss jeden Tag kochen, und der Mann muss es jeden Tag essen.

Alberto Sordi

In der Ehe pflegt gewöhnlich immer einer der Dumme zu sein. Nur wenn zwei Dumme heiraten, das kann mitunter gut gehen.

Kurt Tucholsky

Nachbarn sind die Einzigen, die beim Ehestreit beide verstehen.

Ehe ist der originelle Versuch, die Kosten zu halbieren, indem man sie verdoppelt.
George Mikes

Viele Zänkereien in der Ehe kommen davon, dass man fordert, der Gatte solle die Liebe erraten, die man auszusprechen zu stolz und schamhaft ist. *Jean Paul*

Inserat eines stolzen Elternpaares: Wir haben die Auflage erhöht!

Eine Ehe ist gut, wenn nicht jede Regierungskrise zu Neuwahlen führt. *Klaus Klages*

Bei uns dürfen Männer nur eine Frau heiraten. Manche nennen das Monotonie.

Für den ersten **Eindruck** gibt es keine zweite Chance.

Einfach murehsredna (andersherum).

My English is not the yellow from the egg.

Wir erziehen keine Kinder, sondern spätere **Eltern**.

Das wohlüberlegte Treffen von **Entscheidungen** folgt einer alten Tradition: Zuerst raten und danach die anderen dafür verantwortlich machen. *Scott Adams*

Schwerwiegende Entscheidungen fallen selten in leichten Zeiten, und tief gehende Veränderungen entstehen nicht durch oberflächliche Erfahrungen. *Hans-Joachim Eckstein*

Ich entscheide die großen Dinge, meine Frau die kleinen, und meine Frau entscheidet, welche Dinge groß und welche klein sind. *Uwe Seeler*

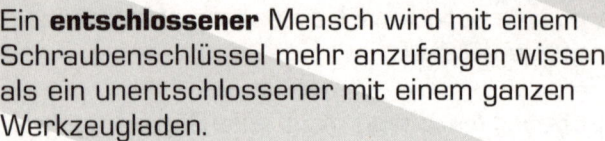

Ein **entschlossener** Mensch wird mit einem Schraubenschlüssel mehr anzufangen wissen als ein unentschlossener mit einem ganzen Werkzeugladen.

Erfahrung bedeutet nichts, man kann auch jahrelang etwas falsch machen.

Erfolg steigt nur zu Kopf, wenn dort der erforderliche Hohlraum vorhanden ist! *Manfred Hinrich*

Manch einer verdankt seinen Erfolg den Ratschlägen anderer, die er nicht angenommen hat.

Erfolg darf nie Fundament des Lebens werden.

Das Geheimnis meines Erfolges? Ich sage über niemanden etwas Schlechtes und über jeden alles Gute, das ich über ihn weiß. *Benjamin Franklin*

Der Erfolg besteht manchmal in der Kunst, das für sich zu behalten, was man nicht weiß. *Peter Ustinov*

Der Erfolg ist eine Folgeerscheinung, niemals darf er zum Ziel werden. *Gustave Flaubert*

Aphorismen sind Hobelspäne vom Baum der **Erkenntnis**.

Wenn Sie viel **erreichen** wollen, dann achten Sie darauf, dass nicht viele Sie erreichen können.

Setze deine Ziele hoch, deine **Erwartungen** niedrig und sei positiv überrascht vom Ergebnis.

Das **Essen** ist eine komische Sache: Jeder Bissen bleibt höchstens eine Minute im Mund, zwei Stunden im Magen, aber mindestens drei Monate an den Hüften.

Manche nehmen ab wie ein Abreißkalender.

Nach dem Essen ist vor dem Essen.

„Schatzi, wo steht denn mein Essen?" – „Im Kochbuch auf Seite 15."

Bei Risiken und Nebenwirkungen essen Sie Ihre Packungsbeilage, und fragen Sie später Ihren Arzt und Apotheker.

Wer Eitelkeit zum Mittagsbrot hat, bekommt Verachtung zum Abendbrot. *Benjamin Franklin*

Die Dicken leben zwar kürzer, aber sie essen länger.

Ein Gastronom sieht die Welt genau so, wie sie isst.

Dort, wo man vom Fußboden essen könnte, erhält man oft gar keine Mahlzeit. *Gerlinde Nyncke*

Engländer haben die Tischreden erfunden, damit man ihr Essen vergisst.

Die letzte Stimme, die man hört, bevor die Welt explodiert, wird die Stimme eines **Experten** sein, der sagt: „Das ist technisch unmöglich!"

Peter Ustinov

F F

Lieber mit dem **Fahrrad** zum Strand als mit dem Mercedes zur Arbeit.

Wie **Familie** interessant sein kann, kann nur der erfahren, der eine gründet.

Wir brauchen in unserem Land familiengerechte Arbeitsplätze und nicht arbeitsgerechte Familien!

„Mami, ich bin in eine Pfütze gefallen." – „Mit deinen guten Sachen?" – „Ja, es war leider keine Zeit mehr, mich umzuziehen."

Die Mutti erklärt der kleinen Tochter, dass eine Krankheit immer die schwächsten Stellen des Körpers befällt. Darauf die Kleine: „Jetzt weiß ich, warum der Vati immer so oft Kopfschmerzen hat."

Das Beste an der Familie: Du bist nie alleine. Das Schlechteste an der Familie: Du bist nie alleine.

Bei uns hat jeder sein eigenes Zimmer. Nur Papi nicht, der muss immer bei Mama schlafen.

In der Familie ist die Frau die Regierung, der Mann das Volk und die Kinder die Opposition.

Am Wochenende ist Papa Sieger bei der Kaninchenschau geworden. (So ein toller Papa!)

Nicht jeder, der etwas verwahrlost aussieht, hat kein Zuhause. Vielleicht hat er ja zwei Töchter, aber nur ein Bad.

Familie – eine Partnerschaft, die Partner schafft.

Kinder kosten Geld, Zeit und Nerven, aber wer investiert nicht gerne in zukunftsträchtige Werte?

Kinder sind Geschenke des Himmels – aber auspacken und aufbauen müssen wir sie selber.

Familie ist ein warmes Nest, in dem es sich gut leben lässt.

Wer es zu bunt getrieben hat, dem fällt es schwer, **Farbe** zu bekennen.

Fremde **Fehler** beurteilen wir wie Staatsanwälte, die eigenen wie Verteidiger.

Es ist eine Kunst, aus fremden Fehlern zu lernen. Die meisten lernen nicht einmal aus den eigenen. *Peter Bamm*

Fernsehen ist fabelhaft. Man bekommt nicht nur Kopfschmerzen davon, sondern erfährt auch gleich in der Werbung, welche Tabletten dagegen helfen.

Fernsehen ist Kaugummi für die Augen.

Nachrichtensprecher fangen stets mit „Guten Abend" an, bombardieren uns dann aber 15 Minuten lang mit Nachrichten, die erklären, dass es kein guter Abend ist.

Wenn Ihre Waschmaschine bessere Programme bietet als Ihr Fernseher, wird es Zeit, sich einen neuen anzuschaffen.

Durch das Fernsehen laden wir Leute in unser Wohnzimmer ein, die wir nie zu uns einladen würden.

Die Länge eines Films sollte in einem direkten Verhältnis zum Fassungsvermögen der menschlichen Blase stehen. *Alfred Hitchcock*

Kluge **Frauen** lernen schnell, ihren Mann ohne Grund zu bewundern. *Margot Hielscher*

Hinter jeder Frau steht ein ... voller Wäschekorb.

„Was reizt Sie eigentlich noch an Ihrer Frau?" – „Jedes Wort!"

Je schlimmer das Weib, je schöner die Kneip.

Frauen geben mehr Geld aus, als der Mann verdient, damit die Leute glauben, dass er mehr verdient, als die Frau ausgibt. *Danny Kaye*

Frauen sind Finanzgenies: Sie ersparen uns Männern Sorgen wegen der sinkenden Kaufkraft, indem sie das Geld rechtzeitig ausgeben. *Paul Kuhn*

Eine Frau, die mit einem Archäologen verheiratet ist, darf sich glücklich schätzen, denn je älter sie wird, desto interessanter wird sie für ihren Mann. *Agatha Christie*

Frauen leben in der Hoffnung, dass Männer, die mit Geld gut umgehen können, auch gut mit Frauen umgehen werden. *Jean-Paul Sartre*

Frauen wissen nicht, was sie wollen, tun aber alles dafür, es zu bekommen. *Peter Ustinov*

Eine Frau ist so alt, wie sie aussieht für den Mann, der sie ansieht.

Eine kluge Frau fragt nicht, wo ihr Mann war – sie weiß es.

Eine Frau macht es stolz, die Ursache einer Dummheit zu sein, zu der ein Mann sich hinreißen ließ.

Völlig sprachlos ist eine Frau nur, wenn man sie küsst. *Helmut Lohner*

Freiheit ist die Freiheit zu sagen, dass zwei plus zwei vier ist. Wenn das gewährt ist, folgt alles Weitere. *George Orwell*

Viele, die frei sein wollen, wissen gar nicht, wozu.

Ein **Freund** ist, wer dich für gutes Schwimmen lobt, nachdem du beim Segeln gekentert bist. *Werner Schneider*

Freundschaft ist ein Geschenk; sie fällt einem trotzdem nicht in den Schoß – aber um den Hals.

Freunde sind Menschen, die kommen, wenn andere gehen.

Ein wahrer Freund weist uns auf unsere Fehler hin, der falsche weist die anderen darauf hin. *C.J. Wijnaendts Francken*

Die Menschen sind nicht halb so gut, wie ihre Freunde sie schildern, und nicht halb so schlecht, wie ihre Feinde behaupten. *Adolf Knigge*

Viele Freundschaften zerbrechen nicht, sondern verwelken.

Um einen Freund zu verlieren, brauchen wir nur zwei Dinge zu tun: Geld zu leihen oder zu porträtieren.

Missstimmungen von Frauen, die auch der beste Psychiater nicht vertreiben kann, können mühelos von jedem **Frisör** vertrieben werden. *Mary McCartney*

Wenn Männer sich mit dem Kopf beschäftigen, nennt man das denken. Wenn Frauen sich mit dem Kopf beschäftigen, nennt man das frisieren.

Mann zum Frisör: „Alle drei bitte sehr kurz." – „Wie, alle drei?" – „Haare, Bart und Gespräche."

Schild über Frisörladen: „Hair-Force-One"

Im Fernseh-Zeitalter kann ein guter Frisör die Wahlen entscheiden.

Kann man einer Frau den Kopf verdrehen, ohne dass die Frisur Schaden nimmt?

Frühaufsteher müssen schneller oder kürzer träumen.

Lieber einen zweiten **Frühling** als dritte Zähne.

Wenn du **Frühstück** im Bett willst, dann schlaf doch gleich in der Küche.

Wer nicht **Fuß** fassen kann ... sollte wenigstens Händchen halten.

> **Fußball** ist wie Schach, nur ohne Würfel.

G

Die Menschen werden nicht durch die Dinge, die passieren, beunruhigt, sondern durch die **Gedanken** darüber. *Epiktet*

Hab **Geduld**, bevor Situationen leichter werden, sind sie schwierig.

Leute, die sich gehen lassen, sollte man **gehen** lassen.

Alle sagten immer, das geht nicht, und dann kam einer, der wusste das nicht und hat das einfach gemacht!

Wenn du schnell gehen willst, geh allein. Wenn du weit gehen willst, geh mit anderen.

Gehloslassenheit

Gelassen der Mensch, der sich nicht ausnut-
zen lässt, weil er sich jeden Tag Erholung gönnt.
Er weiß tief innen, dass er letztlich nicht durch
Leistung anerkannt ist. *Pierre Stutz*

Wenn ein Mensch behauptet, mit **Geld** lasse sich
alles erreichen, darf man sicher sein, dass er nie
welches hatte.

Möchtest du wirklich etwas haben, lass dich
nicht wegen ein paar Geldstücken davon abhal-
ten, es zu kaufen.

Chancen haben in
unserer Gesell-
schaft leider et-
was mehr, die Geld
haben.

> Ein Ostfriese findet eine
> Geldbörse, guckt rein und wirft
> sie weg. „War nichts drin?",
> fragt sein Freund. „Doch, aber
> Falschgeld, oder hast du schon
> mal einen Hunderter mit drei
> Nullen gesehen?"

Geld liegt auf der
Straße – man
muss es nur vorher hinwerfen.

Erst wenn wir nicht nur freundlich denken und
reden, sondern hingehen, Zeit, Geld und Mühen
wirklich opfern, erst dann hören wir im Grunde
auf, uns selbst zu meinen. *Adolf Köberle*

Nicht alles, was sich rechnet, lohnt sich, und
nicht alles, was sich lohnt, rechnet sich.

Willst du jemanden reich machen, musst du ihm nicht das Gut mehren, sondern seine Bedürfnisse mindern. *Epikur*

Es bleibt einem im Leben nur das, was man verschenkt hat. *Robert Stolz*

Der Reingewinn ist der Teil der Bilanz, den der Vorstand beim besten Willen nicht mehr vor den Aktionären verstecken kann. *Carl Fürstenberg*

Das Einzige, was man ohne Geld machen kann, sind Schulden.

Kurssturz ist der Weg eines Wertpapiers zu seinem Papierwert. *Fritz Kornfeld*

Man empfindet es oft als ungerecht, dass Menschen, die Stroh im Kopf haben, auch noch Geld wie Heu besitzen. *Gerhard Uhlenbruck*

Wie erreicht man eine **Generation**, die mit den Augen hört und mit den Gefühlen denkt?

Genies werden geboren, nicht bezahlt.

Nicht aus jedem Genie wird ein Genie-ßer.

Genie besteht aus 99 % Transpiration und 1 % Inspiration. *Thomas Alva Edison*

Wer mit leichtem **Gepäck** geht, kann viel tragen.

Ich bin nicht **gescheitert**, nur gescheiter!

Ein **Geschenk** ist genau so viel wert wie die Liebe, mit der es ausgesucht worden ist. *Thyde Monnier*

Komplimente sind Geschenke, die keiner so schnell umtauscht. *Klaus Klages*

Es gibt immer drei Seiten einer **Geschichte**: deine, meine und die Wahrheit.

Die einzigen Gipfelgespräche, die wirklich einen Sinn haben, sind die der Alpinisten.
Luis Trenker

Selbst**gespräche** haben einen entscheidenden Vorteil: Es fällt dir keiner ins Wort.

Das **Gewissen** ist eine Schwiegermutter, deren Besuch nie endet. *Henry L. Mencken*

Die **Glatze** ist der beste Schutz vor Haarausfall.

Wer **glaubt**, etwas zu sein, hat aufgehört, etwas zu werden. *Sokrates*

Wer glaubt, auf andere nicht mehr angewiesen zu sein, wird unerträglich. *Luc de Clapiers*

Geiz und **Glück** werden sich niemals kennenlernen. *Benjamin Franklin*

Wenn man glücklich ist, sollte man nicht noch glücklicher werden. *Theodor Fontane*

Da es förderlich für die Gesundheit ist, habe ich beschlossen, glücklich zu sein. *Voltaire*

Wenn du ein glückliches Leben willst, verbinde es mit einem Ziel. *Albert Einstein*

Glückspilze gehören zu den ungenießbaren Pilzsorten. *Robert Lembke*

Das Glück muss entlang der Straße gefunden werden, nicht am Ende des Weges.

Attila Hörbiger

Glück muss man können.

Ma hatma Glück, ma hatma Pech, ma hatma Gandhi.

Glücklich ist, wer sich bei Sonnenuntergang auf die Sterne freut. *Ludwig Adalbert Balling*

Nicht Unglück, sondern Langeweile ist das Gegenteil von Glück. *Stephan Lermer*

Gras wächst nicht schneller, wenn man daran zieht.

Du kannst nicht alles **haben**. Wo würdest du das auch hintun?

Es gibt drei Wege, klug zu **handeln**: 1. Durch Nachdenken, das ist der edelste. 2. Durch Nachahmen, das ist der leichteste. 3. Durch Erfahrung, das ist der bitterste.

Mit Sand kann man jede Menge schöner Dinge tun, man sollte nur kein Haus darauf bauen.

Beruf **Hausfrau**. Vermutlich hat sie Häuser gebaut.

Eine Party ist eine Zusammenkunft, bei der am Ende die Gäste aufgeräumter sind als die Wohnung. *Senta Berger*

Mancher hat ein trautes Heim, andere trauen sich nicht mehr Heim.

Heiterkeit ist der Himmel, unter dem alles gedeiht. *Jean Paul*

Glücklich, wer zurückfindet zu der Heiterkeit der Hoffenden, die das Schönste noch vor sich haben. *Hans Joachim Eckstein*

Früher dachten wir: Ich denke, also bin ich. **Heute** wissen wir: Geht auch so. *Dieter Nuhr*

Hobby ist harte Arbeit, die niemand täte, wenn sie sein Beruf wäre. *Günther Schramm*

Humor ist der Regenschirm der Weisen.
Erich Kästner

Wer die Lacher auf seiner Seite hat, muss sie noch lange nicht hinter sich haben.

Der Witz ist das Erdgeschoss des Humors.
Werner Krauß

Humor ist wie Sekt: Der trockene ist immer der beste. *Werner Roß*

Immer in Gedanken lächeln erhält dem Geist die Jugend.

Ich weiß drei böse **Hunde**: Undankbarkeit, Stolz, Neid. Wen die drei Hunde beißen, der ist sehr übel gebissen. *Martin Luther*

Es gab noch nie so viele Menschen, die an **Hunger** gestorben sind, und noch nie so viele Kochshows.

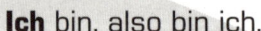

Ich bin, also bin ich.

Manche igeln sich ein in ihrer **Ich-AG**.

Wer mit tollen **Ideen** schwanger geht, ist immer guter Hoffnung.

Ideologie ist der Versuch, die schlechte Straße durch Wegweiser zu ersetzen. *Alfred Polgar*

Image ist ein geborgtes Gesicht. *Thornton Wilder*

Wer nicht ab und zu in sich geht, trifft dort irgendwann niemanden mehr an.

Was nützt es, in sich zu gehen, wenn nichts dabei rauskommt?

Individually we're good. But together we are gold!

Wir ertrinken in **Informationen**, aber wir hungern nach Wissen. *John Naisbitt*

Das Tolle am **Internet** ist, dass jeder mitmachen kann. Das Schlechte ist, dass jeder mitmacht.

Man erkennt den **Irrtum** daran, dass alle Welt ihn teilt. *Jean Giraudoux*

J

Tu alles so, wie wenn du diesen einen Tag noch hättest, und alles mit solcher Geduld, als ob du **Jahre** lang noch warten könntest. *Erich Fromm*

Die ersten 50 Jahre des Lebens sind Text, der Rest ist Kommentar. *Arthur Schopenhauer*

„Immer nörgelst du an mir herum", beklagt sich der Ehemann. „Nichts kann ich dir recht machen. Egal, was ich sage, seit 13 Jahren korrigierst du mich!" – „Seit 14 Jahren, mein Lieber, seit 14 Jahren!"

„Ist es nicht schön, dass wir schon 30 Jahre verheiratet sind?!" – „Stimmt, es ist nicht schön!"

Wenn sie einhundert Jahre alt werden, haben sie es geschafft. Es gibt nur ganz wenige Menschen, die mit über einhundert Jahren noch sterben. *George Burns*

Jetzt isch es halt a so. Bloß andersch.

Jugend ist kein Lebensabschnitt – Jugend ist ein Geisteszustand.

Make-up ist die Kunst, aus der Not eine Jugend zu machen.

Die Jugend soll ihre eigenen Wege gehen. Aber ein paar Wegweiser können nichts schaden. *Pearl S. Buck*

Wenn wir jung sind, gelten alle Gedanken der Liebe. Im Alter gilt alle Liebe den Gedanken.

Komisch, auf älteren Fotos sieht man immer viel **jünger** aus.

Die meisten Dinge in der Welt gehen nicht durch Gebrauch **kaputt**, sondern durch Putzen.

Der Hauptunterschied zwischen etwas, was möglicherweise kaputtgehen könnte, und etwas, was unmöglich kaputtgehen kann, besteht darin, dass sich bei allem, was unmöglich kaputtgehen kann, falls es doch kaputtgeht, normalerweise herausstellt, dass es unmöglich zerlegt oder repariert werden kann. *Douglas Adams*

Es gibt Leute, die machen nix, außer **Karriere**.

Mütter verstehen, was Kinder nicht sagen.

> **Kinder** sind kleine Wesen, die sich nicht so benehmen dürfen wie ihre Eltern im gleichen Alter.

Geburtsanzeige:
Krumm die Arme, krumm die Beine, Kinn verwackelt, Zähne keine, auf dem Kopfe nur ein Haar – alles egal, Hauptsache, es ist da!

Zwischen Pest und Kinderkriegen müssen Frauen auch noch den Haushalt regeln.

Das wird mir hier zu kindisch. Komm, Teddy, wir gehen.

Kinder zu erziehen ist zwecklos – sie machen uns ja doch alles nach.

Nach der **Kleidung** wird man empfangen, nach dem Verstand verabschiedet.

Treffen sich zwei **Klempner**. Meint der eine: „Gestern habe ich 60 Meter Rohr verlegt!" Darauf der andere: „Ach, die finden wir schon wieder."

Der Vorteil der **Klugheit** besteht darin, dass man sich dumm stellen kann. Das Gegenteil ist schon schwieriger. *Kurt Tucholsky*

Kluge Menschen sagen dumme Sachen – Dumme tun sie.

Alle Dinge, die gut sind zu wissen, sind schwer zu lernen.

Es kommt nicht darauf an, was man weiß, sondern was einem im richtigen Moment einfällt!

Du musst nicht viel wissen, nur das Richtige.

Was hätte **Kolumbus** alles entdeckt, wäre nicht Amerika dazwischengekommen? *Stanislaw Jerzy Lec*

Bei vielen, bei denen die Telekommunikation auf höchstem Standard läuft, läuft auf der **Kommunikationsebene** gar nichts mehr.

Nichts in unserem Leben ist so einfach, dass wir nicht imstande wären, es **kompliziert** zu machen. *Ernst Ferstl*

Ein **Kompromiss** ist die Kunst, einen Kuchen so zu teilen, dass jeder meint, er habe das größte Stück bekommen. *Ludwig Erhard*

Kopf hoch – nicht die Hände.

Viele Menschen sind zu gut erzogen, um mit vollem Mund zu sprechen, aber sie haben keine Bedenken, es mit leerem Kopf zu tun. *Orson Welles*

Er nahm Bezug auf sein **Kopfkissen** ... und schlief weiter.

Korruption ist die Bewässerung vorhandener Sümpfe. *Wolfgang Gruner*

Krieg mit Frauen ist der einzige, den man mit Rückzug gewinnt. *Napoleon*

Krieg ist nicht die Anwesenheit von Waffen, sondern die Abwesenheit von Liebe.

Abrüstungskonferenzen sind die Feuerwehrübungen der Brandstifter. *John Osborne*

Alle Kriege enden mit Verhandlungen. Warum also nicht gleich verhandeln? *Jawaharal Nehru*

Auch beim **Kritisieren** ist Geben seliger als Nehmen.

L

Das schönste Make-up einer Frau ist ein **Lächeln**, das von Herzen kommt!

Wer sich nicht überanstrengen will, dem sei ein **Lachen** empfohlen. Zu einem lachenden Gesicht braucht man nur 13 Muskeln, während man für ein todernstes Gesicht 60 Muskeln benötigt!

Lache nicht über jemanden, der einen Schritt zurück macht. Er könnte Anlauf nehmen.

Wer Schmetterlinge lachen hört, der weiß, wie Wolken schmecken. *Novalis*

Wenn es im Leben mal so richtig kracht, ist Humor ein guter Stoßdämpfer.

Tränen, die man mal gelacht hat, braucht man nicht mehr zu weinen.

Die Frau will einen Mann, der witzig ist, der Mann will eine Frau, die ihn witzig findet.

Das Lachen ist die Sonne, die aus dem menschlichen Antlitz den Winter vertreibt. *Victor Hugo*

Beim Lachen einigt man sich immer schneller als beim Nachdenken. *Jochen Busse*

Man sollte die Städte auf dem **Land** bauen – da ist die Luft besser. *Henri Monnier*

Die **Lautesten** sind nicht immer die Lautersten.

Leben ist das, was passiert, während man eifrig dabei ist, andere Pläne zu machen.

Das Leben passiert, egal, ob wir gut oder schlecht gelaunt sind.

Das Leben ist ein Berg – nicht ein Strand.

Ich habe vor, ewig zu leben. Und bislang läuft es auch ganz gut. *Steven Wright*

Leben ist wie Leasing, irgendwann müssen wir es zurückgeben.

Wird's besser? Wird's schlimmer? Fragt man alljährlich. Seien wir ehrlich: Leben ist immer lebensgefährlich. *Erich Kästner*

Unser Lebensstandard kostet jede Menge Leben.

Das Leben meistert man nur lächelnd oder gar nicht.

> Pensionierte Lehrer sind oft schlecht gelaunt, nur weil sie keine Ferien haben.
> *Carlo Franchi*

Mal ist der Bundestag voller, mal leerer, aber immer voller **Lehrer**.
Otto Graf Lambsdorff

Wenn die Liebe das Schulmeistern anfängt, hat sie bald Ferien. *Peter Sirius*

Sich sorgen nimmt dem Morgen nichts von seinem **Leid**, aber es raubt dem Heute die Kraft.
Corrie ten Boom

In **Leipzig** haben viele Komponisten und Künstler gelebt und gewürgt. (Na ja, so schlimm ist es in Leipzig auch wieder nicht!)

Man muss auch mit **Leuten** rechnen, auf die man nicht zählen kann. *Hermann Kesten*

Manche, die als **Lichtgestalt** gestartet sind, landeten als Blendgranaten.

Kannst du kein Stern am Himmel sein, so sei wenigstens eine Leuchte im Haus.

Männer täuschen **Liebe** vor, um Sex zu bekommen, während Frauen Sex über sich ergehen lassen, um Liebe zu erhalten.

Nicht die Schönheit entscheidet, wen wir lieben, sondern die Liebe entscheidet, wen wir schön finden.

Wahre Liebe drückt sich in drei Aspekten aus: in Worten, in Taten und im Herzen.

Wir sollen nicht lange fragen, ob wir unseren Nächsten lieben, sondern wir sollen handeln, als ob wir ihn lieben. *C.S. Lewis*

Liebe ist das wunderbare Gefühl, nach den Sternen greifen zu können, ohne sich dabei auf die Zehenspitzen stellen zu müssen. *Klara Löwenstein*

Werden wir nur geliebt für das, was wir tun – oder auch nicht tun?

Liebe kann man nicht kaufen.

Liebe ist die gemeinsame Freude an der gegenseitigen Unvollkommenheit. *Hans Kudszus*

Lieben, was das Zeug hält.

Liebe macht aus jedem Haus ein Heim. *Kim Novak*

Die Liebe ist noch sonderbarer, als man sie sich vorstellt.

Liebe ist ein privates Weltereignis. *Alfred Polgar*

Liebe ist jener seltsame Zustand, den alle belächeln, bevor sie von ihm befallen werden. *Virna Lisi*

Wer liebt, lässt die Art, wie er einen geliebten Menschen behandelt, auch den ungeliebten zuteil werden.

Der höchste **Lohn** für unsere Bemühungen ist nicht das, was wir dafür bekommen, sondern das, was wir dadurch werden. *John Ruskin*

Eine **Lüge** ist schon dreimal um die Erde gelaufen, bevor sich die Wahrheit die Schuhe anzieht. *Mark Twain*

Wer lügt, hat immerhin vorher die Wahrheit gedacht. *Oliver Hassencamp*

M

Machen Sie sich nichts vor – Ihnen macht sowieso keiner was nach!

Machtmenschen haben ihr Fingerspitzengefühl in den Ellbogen.

Manchmal soll jetzt für immer sein.

Es gibt Männer, die glauben, Silberne Hochzeit würde gefeiert, wenn man 25-mal verheiratet ist.

Frauen sind erstaunt, was **Männer** alles vergessen. Männer sind erstaunt, woran Frauen sich erinnern. *Peter Bamm*

Woran erkennen Männer, dass sie älter werden? Wenn sie das Bier aus der Schnabeltasse trinken müssen.

Im Durchschnitt hat ein Mann etwa 60 Pfund Muskeln und weniger als 3 Pfund Gehirnmasse.

Manche tragen einen Waschbrettbauch vor sich her, andere eine Biotonne.

Ein Mann wie ein Baum – sie nannten ihn Bonsai.

Was für ein Mann ist ein Mann, der die Welt nicht verbessert?

Ein helles Feuer, ein freundlich Gesicht, ein braves Männlein, mehr brauche ich nicht.

Warum hören Männer selten auf die Stimme ihre Frau, nur der Frauenstimme im Navi folgen sie bis zuletzt?

Wenn ein Mann nicht bereit ist, für seine Überzeugungen Risiken einzugehen, dann taugen entweder seine Überzeugungen oder er selbst nichts.

Ezra Pound

Das Glück des verheirateten Mannes besteht in den vielen Frauen, die er nicht geheiratet hat.

Oscar Wilde

Männer werden nicht dicker, nur großflächiger.

Es gibt zwei Arten von Männern, die die Gesprächsrunde unter Männern stören: der, der gebildet ist und nicht spricht, und der, der ungebildet ist und spricht.

Ein Mann kann anziehen, was er will, er bleibt doch nur ein Accessoire der Frau. *Coco Chanel*

Kein Mann ist so stark wie eine Frau, die schwach wird.

Richtige Männer sind entweder schon verheiratet, oder sie arbeiten zu viel. *Julliette Gréco*

Männer sind wie ein Armreif: Leicht behämmert passen sie sich am besten an. *Trude Hesterberg*

Männer sind wie die Farmer, nichts scheuen sie so sehr wie eine lange Dürre. *Barbara Valentin*

Männer sind Kinder, die einfach in Ruhe spielen wollen. Gäbe es Aufsitzstaubsauger, würden sie sogar im Haushalt helfen. *Inge Meysel*

Alle Männer, die man sich angelt, haben einen Haken.

Der einzige Mensch, der sich vernünftig benimmt, ist mein Schneider. Er nimmt jedes Mal neu Maß, wenn er mich trifft, während alle anderen immer die alten **Maßstäbe** anlegen in der Meinung, sie passten auch heute noch. *George Bernard Shaw*

Mich kann man nicht beschreiben, mich muss man erlebt haben.

Woran erkennt man einen **Millionär** an der Tankstelle? Er tankt voll.

Missverständnisse sind der Normalfall der Kommunikation.

Mitleid bekommt man umsonst, Neid muss man sich verdienen. *Robert Lembke*

Wo es **Mode** ist, trägt man den Kuhschwanz als Halsband.

Manche **Models** sehen aus wie eine Hundehütte – an jeder Ecke ein Knochen.

Verkehr ist wie **Müll**: Keiner will ihn, jeder macht ihn.

Je höher die Absätze, desto kürzer die Hauptsätze.

Menschen erkennt man an ihrem Müll.

Muße ist das Kunststück, sich selbst ein angenehmer Gesellschafter zu sein. *Karl Heinrich Waggerl*

Das Kind bekommt ein Bonbon von der Verkäuferin. Die **Mutter**: „Was sagt man?" Das Kind: „Noch eins!"

Ein Kind fährt mit seiner Mutter in die Stadt. Sie nehmen statt ihres eigenen Autos den öffentlichen Bus. Da sagt das Kind: „Heute darf ich wieder mit Mama Benzin sparen fahren."

Mutter ist die Beste oder die Bestie?

Wer über **Nacht** berühmt werden will, muss am Tag hart arbeiten.

Die Berühmtheit mancher Zeitgenossen hängt mit der Blödheit der Bewunderer zusammen.

Ich habe nur zwei **Namen**, vorne einen und hinten einen, mehr war nicht drin.

Wo bleibt mein Stolz, dass ich mir jeden Abend von Leuten, die ich nicht einmal dem Namen nach kenne, vorschreiben lasse, wer und was mir per Fernsehen ins Zimmer tritt?

Narren soll man nicht über Eier setzen, sie zerbrechen dieselben. *Martin Luther*

Die große Stärke der Narren ist es, dass sie keine Angst haben, Dummheiten zu sagen.

Den Fels der Narren findet man leichter als den Stein der Weisen. *Klaus Klages*

Biete Kokain die Stirn, nicht die **Nase**!

Das Glück ist meistens wie die Brille, nach der man vergebens sucht. Man findet sie nicht, weil man sie schon auf der Nase hat. *Paul Hörbiger*

Wir gehen gelegentlich mit der **Natur** um, als sei unsere Welt ein Steinbruch, aus dem sich jeder einfach etwas herausbrechen kann.

Jedes Schiff wird von vielen **Nieten** zusammen-gehalten. *Joseph Kardinal Höffner*

Es geht uns miserabel, aber auf einem beachtli-chen **Niveau**.

„Was machst du heute?" – „**Nix**." – „Aber das hast du doch gestern schon gemacht." – „Ja, aber da bin ich nicht fertig geworden."

Auch die stärkste Zahl braucht die Unterstützung der Nullen. *Zarko Petan*

Zwei **Nullen** gehen durch die Wüste und begegnen einer Acht. Sagt die eine Null zur anderen: „Guck mal, die Blöde trägt bei der Hitze noch 'nen Gürtel!"

Als Erstes im Bankgeschäft lernt man den Respekt vor Nullen. *Carl Fürstenberg*

O

Zu **Oasen** führen alle Wege durch die Wüste.

Opportunisten segeln mit dem Wind, den andere machen.

Es gibt auch hoffnungslose **Optimisten**.

Der Optimist sieht in jedem Problem eine Aufgabe. Der Pessimist sieht in jeder Aufgabe ein Problem.

Ein Optimist ist ein Mensch, der ein Dutzend Austern bestellt, in der Hoffnung, sie mit der Perle, die er darin findet, bezahlen zu können.
Theodor Fontane

Kapitulation: Ja; Resignation: Nie; Optimismus: Ungern; Zuversicht: Immer!
Hans-Dieter Hüsch

Optimisten haben keine Ahnung von den freudigen Überraschungen, die ein Pessimist erleben kann. *Peter Bamm*

Die Basis einer gesunden **Ordnung** ist ein großer Papierkorb. *Kurt Tucholsky*

Ordnung ist, wenn man sofort weiß, wo man gar nicht erst zu suchen braucht.

Inne-HALT-ungen geben dem Leben **Orientierung**.

Selbstbewusstsein ist die Fähigkeit, sich als **Original** zu fühlen, auch wenn man nur ein Durchschlag ist. *Viktor De Kowa*

Originale werden geboren, Kopien sterben.

P

Es kann **passieren**, was will, es gibt immer einen, der es kommen sah. *Fernandel*

Sobald eine **Person** berühmt wird, verwandelt sie sich in ein Ungeheuer.

Pessimisten sind Leute, die nur ein einziges Instrument blasen: Trübsal. *Wim Thoelke*

Handtuchwerfen – der Lieblingssport der Pessimisten.

Der einzige Mist, auf dem nichts wächst, ist der Pessimist. *Theodor Heuss*

Die neue **Pisa-Studie** beweist: Der Turm ist gerade, die Welt ist schief!

Planen ist immer der Ersatz des Zufalls durch den Irrtum.

In der **Politik** ist es wie im täglichen Leben: Man kann eine Krankheit nicht dadurch heilen, dass man das Fieberthermometer versteckt.

Wenn schon das Danken Politikern schwerfällt, wie viel mehr dann das Abdanken?!

Was manche Politiker nicht im Kopf haben, haben sie im Kehlkopf. *Peter Handke*

Beliebtheit sollte kein Maßstab für die Wahl von Politikern sein. Wenn es auf die Popularität ankäme, säßen Donald Duck und die Muppets längst im Bundestag. *Orson Welles*

„Ihr Wagen ist überladen! Ich muss Ihnen den Führerschein abnehmen", sagt der **Polizist** zu dem LKW-Fahrer. „Sie scherzen wohl! Der Führerschein wiegt doch höchstens 20 Gramm!"

Werden Sie vom Fehlerpolizisten zum Schatzsucher!

Am kostbarsten sind immer die Dinge, die keinen **Preis** haben. *Luise Rinser*

Verwandle große **Probleme** in kleine und kleine in keine.

Psychiater: „Seit wann haben Sie denn Eheprobleme?" – „Eigentlich von Anfang an. Es begann, als meine Frau bei der Hochzeit mit auf das Bild wollte."

Psychiater: „Haben Sie Entscheidungsschwierigkeiten?" Klient: „Ja und nein."

Jeder Psychiater greift zur Schock-Therapie: mit der Rechnung.

Manche Menschen glauben Psychologen, selbst denen, die sie belogen.

Q

„Sie waren also beim Heilpraktiker?", knurrt der Internist höhnisch. „Bin doch gespannt, was dieser **Quacksalber** Ihnen für einen Unsinn verordnet hat." – „Er hat mich zu Ihnen geschickt."

Ich wollte die Welt verändern, aber leider habe ich den **Quellcode** nicht gefunden.

R

Wer nach **Rache** strebt, hält seine eigenen Wunden offen.

Lieber Zahlen **raten** ... als Raten zahlen!

Geteilte **Ratlosigkeit** ist halbe Ratlosigkeit.

Wer einen Kettenraucher heiratet, kann gleich einen Aschenbecher auslecken.

Raucherkinder erben früher.

Jeder hat das **Recht** auf meine Meinung.

Es hilft nichts, das Recht auf seiner Seite zu haben. Man muss auch mit der Justiz rechnen.
Dieter Hildebrandt

51

Ist **Regen** flüssige Sonne?

Bringt uns Siebenschläfer Regen, ist das wohl der Wolken wegen.

Die Kleinen merken immer als Letzte, wenn es regnet.

Reichtum sollte nur einen Zweck haben: Armut abzuschaffen.

> Den Reichtum eines Menschen misst man an den Dingen, die er entbehren kann, ohne seine gute Laune zu verlieren.
> *Henry D. Thoreau*

Reichtum – eine heimtückische Falle.

Reif ist, wer auf sich selbst nicht mehr hereinfällt. *Heimito von Doderer*

Manche ärgern sich darüber, dass die **Rosen** Dornen haben, andere freuen sich, dass die Dornen Rosen haben. *Albert Mackels*

Zwei **Rosinen** treffen sich, die eine hat einen Helm auf. „Wo willst du denn hin?" – „Ich muss heute noch in den Stollen."

Schade, dass die meisten aufhören zu rudern, wenn sie am **Ruder** sind.

Runzeln sind die Schützengräben der Haut.
Kurt Tucholsky

S

Man kann nicht erwarten, dass ein leerer **Sack** aufrecht steht. *Benjamin Franklin*

Sage, was du gerne hättest, aber nimm getrost auch, was du nicht magst.

Angefangene **Sätze** sind das halbe Leben.

Du hast schon die **Sau** rausgelassen, als die Gummistiefel noch aus Holz waren.

Mit der **Scheidung** kommen für die Anwälte die Flitterwochen. *Klaus Klages*

Man **schiebt** viel lieber auf als an.

Wer **schlank** ist, hat mehr Platz.

Vieles wird zusehends **schlechter**, anderes aber wegsehend nicht besser. *Helmut Qualtinger*

Schönheit brauchen wir Frauen, damit uns die Männer lieben; die Dummheit, damit wir sie lieben. *Coco Chanel*

Das **Schönste** an dir bist du.

„Wie geht's dir in der **Schule**?" – „Ach, man hangelt sich von einer Pause zur anderen."

Das Ziel der Schule sollte immer sein, harmonische Persönlichkeiten und nicht Spezialisten zu entlassen. *Albert Einstein*

Schwärmer sind Leute, die ihre Luftschlösser zur Besichtigung freigeben. *Klaus Klages*

Zum **Schweigen** fehlen mir die passenden Worte!

Es gibt tausend Arten von Lärm, aber nur eine wirkliche Stille.

Wenn alle Leute nur dann redeten, wenn sie etwas zu sagen haben, würden die Menschen sehr bald den Gebrauch der Sprache verlieren.

Wer vom Schweigen nichts versteht, sollte den Mund halten.

Lieber ein **Schwimm-Becken** als einen Tennisarm.

Swimmingpool zu verkaufen (Auslaufmodell).

Ich tue nichts anderes, als Jung und Alt davon zu überzeugen, sich nicht so sehr um ihren Leib oder ihr Hab und Gut zu sorgen als vielmehr um ihre Seele. *Sokrates*

Unser Körper lebt von dem, was wir bekommen. Unsere **Seele** lebt von dem, was wir geben. *Dave Toycen*

In der Kleinstadt gibt's nicht viel zu **sehen**, aber zu hören.

Die neue Dreifaltigkeit: **Sex** – Zuwachsraten – Vorfahrt.

Ich will jetzt **shoppen**. Dann passiert niemandem was!

Wenn es **Silvester** schneit, ist Neujahr nicht weit.

> **Sicher** ist, dass nichts sicher ist. Selbst das nicht.
> *Joachim Ringelnatz*

Skeptiker sind jene Menschen, die einfach nicht an die friedliche Nutzung der Atombombe glauben wollen. *Werner Mitsch*

Ein **Snob** ist ein Mensch, für den das Beste gerade schlecht genug ist. *Martin Held*

Wozu **Socken**? Sie schaffen nur Löcher!
Albert Einstein

Wer keinen **Spaß** versteht, der versteht auch meistens keinen Ernst. *Hans Moser*

Lieber etwas **Speck** auf der Hüfte als Magersucht im Gehirn!

Wenn der **Spiegel** dein größter Feind ist, dann lackier ihn doch einfach schwarz.

Wer **Spitze** sein will, muss auch einen Stachel haben. *Stefan Tschök*

Stark sind wir, wenn wir schwach sein können, ohne es als Schwäche zu empfinden.
Hans-Joachim Eckstein

Sterben will gelernt sein.

Jedermann stirbt, aber nicht jeder hat gelebt!

Ihr klagt über die vielen **Steuern**. Unsere Trägheit nimmt uns doppelt so viel ab, unsere Eitelkeit dreimal so viel und unsere Torheit viermal so viel. *Benjamin Franklin*

Der Mensch arbeitet immer härter für das Privileg, immer mehr Steuern zahlen zu dürfen. Merkwürdig, oder?!

Finanzbeamte glauben einem immer das Doppelte.

Scheidungs-Kosten sind von der Steuer absetzbar, Ehe-Kurse nicht.

Auf dem Finanzamt: „Wann kann ich Urlaub nehmen?" – „Sie sind hier doch gar nicht beschäftigt." – „Aber ich arbeite doch fast nur für Sie!"

Lotto ist eine Steuer für Leute, die stark im Hoffen und schwach im Rechnen sind. *Klaus Klages*

Kein Staat kann seinen Bürgern mehr geben, als er ihnen vorher abgenommen hat. *Ludwig Erhard*

Wenn man auf der Toilette **Stimmen** hört, kann das an der Sprechblase liegen.

Der **Stolze** ist einsame (!!) Spitze.

Arroganz ist die Karikatur des Stolzes.
Ernst von Feuchtersleben

Wer die Kehrseite der Menschen gesehen hat, wie kann der noch stolz sein? *Walter Rathenau*

Die Wissenschaft, richtig verstanden, heilt den Menschen von seinem Stolz; denn sie zeigt ihm seine Grenzen.
Albert Schweitzer

Dummheit und Stolz wachsen aus einem Holz.

Stolze Menschen verirren sich lieber, als nach dem Weg zu fragen.

Striptease-Tänzerinnen sind Damen mit Blößen-wahn.

Niemand hätte Ozeane überquert, wenn er bei **Sturm** das Schiff hätte verlassen können.
Charles Kettering

Stuttgart wird mit drei t und hinten mit h ge-schrieben.

T

Wir sind leicht bereit, uns selbst zu **tadeln**, unter der Bedingung, dass niemand einstimmt.
Marie von Ebner-Eschenbach

Die einen erkennt man an ihren **Taten**, die anderen an ihrem Getue. *Martin Kessel*

Moderne Sklaven werden nicht mit der Peitsche, sondern mit **Terminkalendern** angetrieben. *Telly Savalas*

Der Unterschied zwischen **Theorie** und Praxis ist in der Praxis weit höher als in der Theorie.
Ernst Ferstl

Eine Theorie ist eine Vermutung mit Hochschulbildung.

Bei welcher Großveranstaltung stehen mehr Männer vor den **Toiletten** als Frauen? Bei der Internationalen Automobilausstellung in Frankfurt.

Wenn **Toleranz** dem Bösen dient, wird sie zum Verbrechen. *Thomas Mann*

Toleranz ist das unbehagliche Gefühl, der Andere könnte am Ende vielleicht doch recht haben.
Robert Frost

Wer **tot** ist, ist tot. Damit muss er leben.

Hast du schon mal einen Möbelwagen auf dem Friedhof gesehen? Siehste! Man kann nichts mitnehmen.

Ich habe keine Angst vor dem Tod, aber unheimlich Lampenfieber.

In dieser Welt gibt es nichts Sichereres als den Tod und die Steuern.

Totschweigen ist Mord ohne Blutvergießen.

Ohne **Tränen** hätte die Seele keinen Regenbogen.
Alfred Heim

Lieber **träumen** unter Bäumen als schaffen unter Affen!

Wirklich reich ist, wer mehr Träume in seiner Seele hat, als die Realität zerstören kann!
Hans Kruppa

Manche können miteinander schlafen, aber zum Träumen reicht's nicht. *Hans Arndt*

Wenn einem die **Treue** Spaß macht, dann ist es Liebe.

Tritt keck auf, mach's Maul auf, hör bald auf!
Martin Luther

Trinke nie zu viel, denn die letzte Flasche, die draufgeht, könntest du selbst sein.

Mit einem Menschen, der nur **Trümpfe** hat, kann man nicht Karten spielen. *Friedrich Hebbel*

Es gibt Menschen, die ihr ganzes Leben lang gegen **Türen** drücken, an denen „ziehen" steht. *Robert Lembke*

Was macht einer, der vor einer Drehtüre steht und vor Wut die Türe zuschlagen will?

In der letzten **Tüte** findet's sich.

U

Auf geht's! **Übermorgen** ist bald schon vorgestern!

Undankbarkeit ist eine Tochter des Stolzes. *Miguel de Cervantes Saavedra*

Jede Strafe wäre **ungerecht**, wenn der Mensch keinen freien Willen hätte, das heißt, wenn er das Gute sowohl wie das Böse notwendig tun müsste. *Ambrosius Aurelianus*

Wie viel **Unheil** ist schon durch Nichtstun verhindert worden. *George Mikes*

Unkraut ist nichts anderes als eine ungeliebte Blume.

Dass wir nur einmal jung sind, ist kein Grund, **unreif** zu bleiben.

Unsterblichkeit ist nicht jedermanns Sache!
Johann Wolfgang von Goethe

Deutschland braucht mehr **Unternehmer**, Unterlasser haben wir schon genug.

Der **Unterschied** zwischen Lesern und Autoren? Die Leser können sich ihre Autoren aussuchen.

Urlaub braucht nur der, der sich die Arbeit und die Freizeit nicht richtig einteilt.

Urlaubsreisen sind wie die Arbeit, von der man sich erholen will. *Kurt Tucholsky*

Der **Utopist** sieht das Paradies, der Realist das Paradies plus Schlange.
Friedrich Hebbel

Sagt der **Vater** am Tisch: „Wollen wir noch vor dem Essen beten?" Sagt der Junge: „Wie, ist was mit den Sachen?"

Früher hatten wir Töchter, die konnten kochen wie ihre Mütter. Heute haben wir Töchter, die können saufen wie ihre Väter.

Vegetarier essen keine Tiere, aber sie fressen ihnen das Futter weg.

Lass dir nicht von der **Vergangenheit** diktieren, wer du bist, sondern lass sie zu einem Teil des Menschen werden, der du sein wirst.

Nicht zu **vergeben** ist, wie Rattengift zu trinken und darauf zu warten, dass die Ratte stirbt.

Es gibt Menschen, die können sich nicht erinnern, jemals **vergesslich** gewesen zu sein.

Der zweite Platz ist der erste **Verlierer**.

Der englische Sportsmann ist stolz darauf, ein guter Verlierer zu sein. Dadurch erreicht er, dass seine Gegner sich schuldig fühlen, wenn sie gewonnen haben. *Peter Ustinov*

Jeder Mensch ist potenziell ein Könner. Manche Menschen sehen aus wie **Versager**. Lass dich von ihrem Äußeren nicht täuschen!

Es ist leichter, den Mund zu halten als ein **Versprechen**.

Die Hessen versprechen viel, aber was sie halten, ist eine andere Sache. Die Nordrheinwestfalen versprechen erst mal überhaupt nichts, aber das halten sie dann auch.

Habe Mut, dich deines eigenen **Verstandes** zu bedienen, auch wenn du keinen hast.

Der Verstand ist wie eine Fahrkarte: Sie hat nur dann einen Sinn, wenn sie benutzt wird.
Ernst R. Hauschka

Verstehen kann man das Leben nur rückwärts – leben muss man vorwärts. *Sören Kierkegaard*

Wenn Menschen nur über Dinge reden würden, von denen sie etwas verstehen – das Schweigen wäre bedrückend. *Robert Lembke*

Wer **Vertrauen** hat, braucht nichts zu beschleunigen. *Martin Buber*

Wie man sich **verzettelt**, steht auf einem ganz anderen Blatt.

Auf die bösen Menschen ist Verlass – sie ändern sich nicht.
William Faulkner

Eine Lebensversicherung ist das Geld, das man bekommt, wenn man einen tödlichen Unfall überlebt. Besonders schön, wenn man danach unter anderem Namen in Brasilien weiterlebt!

Wenn und **Vielleicht** fuhren in einem Boot. Und wenn Wenn nicht gewesen wäre, wäre Vielleicht vielleicht ertrunken.

Mein Glas ist immer halb **voll**, und wenn nicht, kipp ich nach.

Bei **Wahlen** haben sogar Schlagersänger eine Stimme.

Wer die **Wahrheit** sagt, wird früher oder später dabei ertappt. *Oscar Wilde*

Wahrheit ist die beste Tarnung – die glaubt einem keiner.

Zwei Kerzen treffen sich. „Ist **Wasser** eigentlich gefährlich?" – Die andere: „Ja, davon kannst du ausgehen!"

Auch stille Wasser sind nass.

Wege entstehen dadurch, dass man sie geht. *Franz Kafka*

Bin **weg**, um nach mir zu suchen; sollte ich zurückkommen, bevor ich wieder da bin, sagt mir bitte, ich soll hier warten, bis ich zurück bin!

Gebrauchter **Weihnachtsbaum** zu verkaufen. Nur 1x drunter gesungen.

Der **Weise** gewinnt mehr Vorteile durch seine Feinde als der Dummkopf durch seine Freunde. *Benjamin Franklin*

Die heutigen T-Shirts zeigen oftmals mehr Geist und Weisheit als die Köpfe, die aus ihnen herausragen.

Gilt man erst mal als weise, ist es schwer, das Gegenteil zu beweisen. *Peter Ustinov*

Nur die Weisen besitzen Ideen – alle anderen sind von Ideen besessen.

Die **Welt** wird kleiner. Vergiss es nicht. Sonst kann es passieren, dass du meinst, weit vom Schuss zu sein, und du stehst vor dem Pistolenlauf. *Walter Serner*

Der Staat kann **Werte** nur schützen, nicht schaffen.

Wir haben immer vollkommenere Mittel, aber immer verworrenere Ziele und Werte.

In einem guten Wort ist für drei **Winter** Wärme.

Nicht jeder, der kommen will, ist **willkommen**.

Das Schönste am kalten **Wetter** ist die Vorfreude auf warmes Wetter.

Der Wetterbericht ist ein Bericht, den das Wetter berichtigt.

Die Eiskunstläuferin drehte ihre Pirouetten, dabei hob sich ihr Röckchen im eigenen **Wind**.

Wir nehmen nicht die **Wirklichkeit** wahr, sondern nur das Bild, das wir uns von ihr machen.

Nur das persönlich erkannte **Wissen** ist Erkenntnis, und erst die gelebte Erkenntnis ist Weisheit. *Hans-Joachim Eckstein*

Wie soll ich wissen, was ich meine, bevor ich höre, was ich sage? *Falk Eichmann*

Es reicht nicht aus, Sachverhalte zu wissen, man muss sie auch umsetzen. Es reicht auch nicht aus, Bestimmtes zu wollen, man muss es auch anwenden.

Was ich nicht weiß, das muss man mir erst mal beweisen!

„Was ist das größere Problem, mangelndes Wissen oder Desinteresse?" – „Weiß ich nicht, ist mir aber auch total egal."

Sagen Sie uns, was Sie **wollen** ... und wir sagen Ihnen, was Sie uns können!

Je klarer man es sagt, desto gefährlicher werden die **Worte**. *May Sarton*

Wer Worte auf die Goldwaage legt, kann sie besser vom Blech unterscheiden.

Bist du wütend, zähl bis vier, hilft das nicht, dann explodier. *Wilhelm Busch*

Z

Wie **zahlreich** sind doch die Dinge, derer ich nicht bedarf. *Sokrates*

Für **zehn** Euro gibt's einen Platz in der Bahn – für eine Knoblauchzehe das ganze Abteil.

Das einzige Mittel, **Zeit** zu haben, ist, sich Zeit zu nehmen. *Bertha Eckstein*

Beim Verweilen verliert man keine Zeit, man lebt sie. *Karlheinz A. Geißler*

Die Leute sagen immer, die Zeiten werden schlim-

Die Zeit verhindert, dass alles auf einmal passiert.

mer. Die Zeiten bleiben immer, die Leute werden schlimmer. *Joachim Ringelnatz*

Manche haben noch nicht mal Zeit für einen Burnout.

Verbringe nicht die Zeit mit der Suche nach einem Hindernis, vielleicht ist keines da. *Franz Kafka*

Sage mir, welches **Ziel** du hast, und ich sage dir, wer du bist.

Mit wenig **zufrieden** zu sein ist besser, als wenig zufrieden zu sein. *Kerstin Hack*

Leute, die mit ihrer Unzufriedenheit zufrieden sind, nennt man Nörgler.
Werner Mitsch

Wer nicht zufrieden ist mit dem, was er hat, der wäre auch nicht zufrieden mit dem, was er haben möchte.
Berthold Auerbach

„Der **Zug** hielt mit kreischenden Bremsen am Bahnsteig, und die Fahrgäste entleerten sich auf dem Bahnsteig."

Damals war heute noch **Zukunft**.

Früher war sogar die Zukunft besser. *Karl Valentin*

Vor allem anderen interessiert mich die Zukunft, denn das ist die Zeit, in der ich am längsten leben werde.

Haben Sie keine Angst vor der Zukunft, sie beginnt erst morgen. *Zarko Petan*

Zukunft ist wie die Gegenwart – nur etwas länger.

Wir alle sollten uns um unsere Zukunft sorgen, denn wir werden den Rest unseres Lebens darin verbringen. *Charles F. Kettering*

Das Merkwürdigste an der Zukunft ist wohl die Vorstellung, dass man unsere Zeit später die gute alte Zeit nennen wird. *John Steinbeck*

Wir alle tragen in uns eine Waffe, für die wir
eigentlich einen Waffenschein bräuchten:
unsere **Zunge**.

Man kann nicht immer nur **zuschlagen**.
Man muss auch mal ausholen.

Lieber **zweifelhaft** als Einzelhaft.

Kann mal jemand kurz antworten, bitte?!

Wenn in einer Familie mit drei **ADHS-Kindern** noch alles heil ist, feiern die dann Allerheiligen?

Manche legen ihr Geld in **Alkohol** an. Ob das an den Prozenten liegt, die Alkohol bietet?

Arbeit macht Spaß, aber wer kann schon Spaß vertragen?

Macht es kosmisch betrachtet etwas aus, wenn ich nicht aufstehe und **arbeiten** gehe?

Wussten Sie schon, dass alle Chirurgen **Aufschneider** sind?

Wenn am **Auto** nur ein Licht brennt, sitzt dann vielleicht ein Schotte am Steuer, der den Ersten Advent feiert?

Kann man **Besserwisser** noch verbessern?

Lebt ein **Clown** vom Klau'n?

Wie kann man **Essen** gehen? Ich denke, Essen isst man?

Wenn es einen **Fachmann** gibt, gibt es dann auch eine Fachfrau?

Warum schenken Frauen auch jenen das Richtige, die sie nur flüchtig kennen, während Männer auch jenen das **Falsche** schenken, die sie von Herzen lieben?

Gehört die traditionelle **Familie** auf die „rote Liste" der bedrohten Arten?

Wenn man vom **Food** fastet, nennt man das dann Fast Food?

Können sich **Frauen** eigentlich auch beherrschen, oder heißt das befrauen?

Warum heißt eigentlich ein **Fuhrunternehmer** nicht Fahrunternehmer?

Gefahr – wie denn jetzt, geh oder fahr?

Wann geht **Hairy Potter** eigentlich zum Frisör?

Heißt es „Wer ausharrt bis zuletzt" oder „Wer aushaart bis zuletzt"?

Wie nennt man eigentlich die andere Hälfte einer **Halbwahrheit**?

Was hat herrlich mit **Herr** zu tun? Und was dämlich mit Dame?

Wenn ein **Huhn** überall aneggt, heißt das, dass es überall rumeiert?

Ein **Inder** steht auf dem Balkon und schüttelt seinen Teppich aus. Ein Tourist kommt vorbei und fragt: „Und, springt er nicht an?"

Kann mal jemand kurz antworten, bitte?!

Ist ein **Keks** hinter einem Baum ein schattiges Plätzchen?

Statistisch hat jeder Bundesbürger 1,3 **Kinder**. Wie macht man das denn?

Fragen die Kids im antiautoritären Kindergarten: „Müssen wir schon wieder spielen, was wir wollen?"

Heißen männliche **Krankenschwestern** Krankenbrüder?

Warum wird im **Krieg** immer nur von den gefallenen Söhnen gesprochen, nie aber von den gefallenen Töchtern?

Wird man **Kunde**, wenn man sich erkundigt?

Ist das **Kunst,** oder kann das weg?

Kommt **Lebensgefährte** von Lebensgefahr?

Können **Leisetreter** auch laut auftreten?

Was ist eigentlich der Unterschied zwischen einem **Menschen** und einem Mitmenschen?

Sind wir nicht alle etwas **moneypuliert**?

Wenn ich auf einer MC, also **Musik-Kassette**, gar keine Musik aufnehme, sondern nur einen Vortrag, heißt die dann MC oder VC?

Wie kämen eigentlich **Nachrichten** an, die immer das ausstrahlen, was im Moment nicht ist? Z.B. keine Überschwemmung, keine Hungersnot, keine Korruption, keine Arbeitslosigkeit, kein Busunfall, keine Ölschiff-Havarie, keine Ausbeutung der Natur usw.

Wenn nebulös von **Nebel** abgeleitet wird, wird dann regulös von Regen abgeleitet?

Gibt es auch stehende **Ovation** am laufenden Band?

Wenn ein **Raumschiff** von keiner weiblichen Crew belegt ist, nennt man das dann auch unbe-mannt?

Kann man zu **Schüttelfrost** auch Schlotter-krampf sagen?

Ein **Spatz** in der Hand ist besser als eine Taube auf dem Dach, sagt man. Ob der Spatz das auch so sieht?

Gehört **Stehvermögen** auch zu den Besitztü-mern?

Von wem hatten eigentlich die **Steinzeitmen-schen** ihren genetischen Code?

Wenn man gegen den **Strom** schwimmen kann, kann man dann auch gegen die Stromrechnung schwimmen?

Kann mal jemand kurz antworten, bitte?!

Können sich auch **Töchter** versöhnen?

Warum wird **„Tod"** hinten mit „d" geschrieben, „mundtot" aber hinten mit „t"?

Können auch **Toiletten** Kotflügel verlieren?

Keine **Toleranz** für Intoleranz – ist das nicht ein Widerspruch?

„Wo ist denn deine **Uhr**?" – „Die geht immer vor." – „Wie, dann ist sie jetzt schon zu Hause?"

Wenn Dinge **verjähren** oder wenn man etwas vertagen kann, kann man dann auch etwas verwochen?

Ist **Wanne-Eickel** die lateinische Form von Castrop-Rauxel?

Wie viele **Wörter** braucht eigentlich ein Satz?

Wenn der **Zahnarzt** sagt: „Machen Sie ganz weit auf!", meint der dann den Mund oder die Geldbörse?

Wenn man sich **Zeit** nimmt, woher nimmt man die eigentlich?

Man soll den Tag nicht vor dem **Abend** loben, aber den Herrn. *Hans-Joachim Eckstein*

Mut ist **Angst**, die gebetet hat. *Corrie ten Boom*

Gott gibt dem Menschen den Auftrag, an Gottes Reich mitzubauen. Der Mensch betet: „Herr, das schaffe ich nicht!" Gott daraufhin: „Das weiß ich, aber ich bin froh, dass du das jetzt auch so siehst!"

Ansage im Gottesdienst: „An alle, die Kinder haben und es noch nicht wissen: Im Untergeschoss gibt es einen Wickeltisch und eine Krabbelstube."

Der **arabische** Frühling ist für die Christen in Ägypten weitgehend ein arabischer Herbst geworden.

> Ansage im Gottesdienst: „,Jesus geht auf dem Wasser', so heißt die Morgenandacht morgen früh. Um zehn Uhr dann der erste Themenblock: ,Auf der Suche nach Jesus'."

Wenn ich mich **ärgere**, büße ich für die Sünden anderer.

Andere lassen sich nicht aufgrund unserer **Argumente** überzeugen, sondern indem wir ihnen Gottes Wesen spiegeln.

Es gibt nur zwei **Arten** von Menschen: Die einen, die zu Gott sagen: „Dein Wille geschehe", und die, zu denen Gott sagt: „Dein Wille geschehe."
C.S. Lewis

Die **Arznei** macht kranke, die Mathematik traurige und die Theologie sündhafte Leute. *Martin Luther*

Auch Atheisten müssen irgendwann mal dran glauben.

Haben nur **Atheisten** eine Heidenangst?

Ob man Atheist ist, kann man erst auf den letzten Metern sagen.

Der vollkommene Atheist befindet sich an der Spitze der Leiter, auf der vorletzten Stufe, die zum vollkommenen Glauben führt. *Dostojewski*

Lieber Gott! Ich wünsche mir ein fettes **Bankkonto** und eine schlanke Figur. Und bitte bring nicht wieder alles durcheinander, so wie letztes Jahr.

Gott beruft nicht die **Befähigten**, er befähigt die Berufenen.

Was halten Sie davon, die **Beichte** zu reformieren? Der Sünder beichtet nur seine guten Taten ...

Viele dienen gerne Gott – aber nur als **Berater**.

Beten ist hören auf Gott, nicht Gott bereden.

Lieber eine **Bibel** im Handschuhfach als einen Fisch am Kotflügel.

Ist die Bibel kompatibel? Hochsensibel? Klingt doch plausibel! Wohl oder übel auch flexibel.

Die Bibel ist wie ein Handbuch für einen Computer, da verstehe ich auch nicht alles und brauche Menschen, die mir manches erklären.

Was nicht in der Bibel steht: „Lasst die Kinder zu mir kommen und tauft sie."

Wenn in der Bibel steht: „Er und sein ganzes Haus ließen sich taufen ...", waren dann auch die Tiere gemeint, oder gehörten die nicht zum Haus?

Gott ist ein **Bildhauer**. Er haut das Bild in die Tonne, das wir von ihm und von uns selbst haben.

Ist dein Gott aus **Blech**? So'n Pech!

Was ist der **Body-Mass-Index** in einer übergewichtigen Kirche?

Wenn Gott eine **Brieftasche** hätte, hätte er ein Foto von dir drin.

c C

Stell dir vor, du bist **Christ** und keiner merkt's!?

Born to be a **child**!
(Matthäus 18,3)

Christen ...
haben seltener Geschlechtskrankheiten,
hinterziehen weniger Steuern,
haben einen niedrigeren Blutdruck,
fahren weniger schwarz,
haben bessere Cholesterinwerte,
sind weniger korrupt,
rauchen weniger,
sind weniger anfällig für Ideologien,
sind weniger depressiv,
haben stabilere Ehen,
leiden seltener an Darmkrebs,
überstehen Herzoperationen besser,
arbeiten weniger schwarz
und leben im Schnitt 6,6 Jahre länger.

Wenn mich jemand fragt, ob ich Christ bin, frage ich zurück: „Was stellst du dir unter einem Christen vor? Dann sag ich dir, ob ich einer bin oder nicht."

Wenn es Gott gar nicht gibt, warum **denke** ich dann so oft an ihn?

So, wie im **Dunkeln** jede Katze grau ist, so ist im Dunkeln auch jede Religion gleich.

Ich habe mich oft gefragt, warum man so selten **Engel** sieht. Doch hätte ich Flügel ... mich würde hier ebenfalls nichts halten.

Suche neuen Schutzengel – meiner ist mit den Nerven am Ende!!!

Gott hat dich **einzigartig** geschaffen wie alle anderen auch.

Bei Gott gibt es trotz der **Erfüllungen** kein Ende der Verheißungen, kein Ende der Hoffnung. Bei der Werbung gibt es trotz der Erfüllung kein Ende der Enttäuschung.

Geistliche **Erlebnisse** soll man nicht nur in sich hineinstopfen, sondern sich geistliche Verdauungszeiten genehmigen. *Willi Lambert*

In **Ewigkeit** investieren,
alles andere vergeht.

F

„**Fair**" ist kein biblischer Begriff, „Ausgewogenheit" auch nicht.

Man kann die **Faust** nicht ballen, wenn man die Hände faltet.

Komisch, wie manche **Fernsehprediger** dir sagen, du sollst dem Herrn dein Geld geben, aber dann geben sie dir ihre Bankverbindung.

Finsternis ... uhhhha!! Gott ... ahhhh!!

Eine **Frau** darf beten. Ein Mann, der betet, muss sehr dumm oder sehr weise sein. *Kurt Tucholsky*

Wen Gott strafen will, dem schenkt er eine geltungsbedürftige Frau.

Gott geht mit Jesus auf eine **Frequenz**, die wir nur mit unserem Herzen empfangen können.

Die **Frucht** der Stille ist das Gebet.

Die Frucht des Gebetes ist der Glaube.

> Lieber Gott, mach mich **fromm**, dass ich das, was ich will, bekomm (da wurde doch irgendetwas verwechselt …).

Die Frucht des Glaubens ist die Liebe.

Die Frucht der Liebe ist das Dienen.

Die Frucht des Dienens ist der Friede.

Mutter Theresa

Die zehn **Gebote** sind deswegen so kurz und logisch, weil sie ohne Mitwirkung von Juristen zustande gekommen sind. *Charles de Gaulle*

Warum feiern Sie eigentlich den **Geburtstag** Jesu so aufwendig, Sie nehmen ihn doch sonst nicht so ernst?

Hast du schon mal ein Geschenk bekommen, das in Windeln eingepackt war? Das kann sich nur Gott mit Jesus leisten.

Der erste **Gedanke** und das erste Wort in der Frühe des Tages mögen dem gehören, dem unser ganzes Leben gehört. *Dietrich Bonhoeffer*

Was der liebe Gott vom **Geld** hält, kann man an den Leuten sehen, denen er es gibt.
Peter Bamm

Durch den **Geist** Gottes werden aus Ent-geisterte Be-geisterte.

Ich fühle mich nicht zu dem **Glauben** verpflichtet, dass derselbe Gott, der uns mit Sinnen, Vernunft und Verstand ausgestattet hat, von uns verlangt, dieselben nicht zu benutzen. *Galileo Galilei*

Es kommt nicht auf die richtige Glaubenshaltung an, sondern darauf, dass ich einen Halt im Glauben habe.

Wer nur an das glaubt, was er sieht, hat ein eingeschränktes (Ge)sicht(s)feld.

Ich bin ein Gläubiger. Meine Schuld trägt jemand Anderes.

Wenn der Glaube zum Leben wird, dann wird das Leben zur Lust. *Hans-Joachim Eckstein*

Als **Goliath** die Israeliten aufforderte, gegen ihn zu kämpfen, dachten alle: „Er ist groß, wir können ihn niemals besiegen." Aber David sah den Riesen an und dachte: „Der ist so groß, ich kann ihn gar nicht verfehlen."

Wenn es keinen **Gott** gibt, so Nietzsche, Sartre und andere, gibt es keine guten Gründe mehr, freundlich und liebevoll zu sein oder sich für den Frieden einzusetzen.

Gott wird nicht größer, wenn du ihn verehrst, aber du wirst größer und glücklicher, wenn du ihm dienst. *Augustinus*

> Wer weniger tut als Gott, wird depressiv, wer mehr tut, hektisch.

Mit Gott muss man Geduld haben.

H

Jeder **Heilige** hat eine Vergangenheit, jeder Sünder hat eine Zukunft. *Oscar Wilde*

Himmel ist da, wo Gott zum Zuge kommt.

Wenn sich sogar der Himmel an deinem Leben freut, willst du ihm da die Mitfreude verweigern?
Hans-Joachim Eckstein

Nur Kinder kommen in den Himmel. *(Matthäus 18,3*

Wo Gott dich hingesät hat, dort sollst du blühen.

Hoffnung ist die Fähigkeit, die Musik der Zukunft zu hören; Glaube ist der Mut, in der Gegenwart danach zu tanzen. *Peter Kuzmic*

Gerechtigkeit gibt es in der **Hölle**. Im Himmel herrscht Gnade. *Getrud von le Fort*

Witz und **Humor** sind Gottesgaben ersten Ranges, und sie sind hier wohl am Platz. *Theodor Fontane*

J J

Jesus – oft kopiert, nie erreicht.

Jesus war kaum auf der Welt, schon hatte er einen Krippenplatz.

Im Himmel werden die Lutheraner durch Luther repräsentiert, die Methodisten durch John Wesley und die Baptisten durch Jesus?

Sind **Kinder** die besseren Theologen?

Im Kindergarten lerne ich zur Faschingszeit, wie man Masken bastelt. In der Kirche lerne ich kurze Zeit später, wie man Masken abbaut.

Schon gewusst?
In der **Kirche** sitzen 90 Prozent Frauen, im Knast sitzen 90 Prozent Männer.

> Komisch, wir Erwachsenen wollen, dass unsere Kinder groß werden. Jesus aber sagt, dass wir Erwachsenen werden sollen wie die Kinder. Wie denn nun?

Kollektenansage: „Nach der Kollekte singen wir das Lied ‚Brich herein, heller Schein'."

„Ich geh sonntags in die Kirche zum Auftanken."
„Wie, haben Sie in der Kirche eine Tankstelle?"
„Nein, aber eine Dankstelle!"

Ich gehe regelmäßig in die Kirche. Jeden Heiligabend.

Die drei letzten Sätze einer Kirche: Das haben wir noch nie so gemacht. Das machen wir immer so. Da könnte ja jeder kommen!

Die Landeskirche bei uns im Ort hat 500 Schafe und einen Hirten. Die Freikirche bei uns im Ort hat 500 Hirten und ein Schaf.

Wenn man den **Koch** kennt, muss man dann vor dem Essen trotzdem noch beten?

Meine **Kraft** ist in den Machern schwächlich.

Krieg kriegen wir so hin, Frieden müssen wir üben.
(Micha 6,8)

In der Urzeit war die **Kriminalität** viel höher als heute, bedenkt man, dass zu den Zeiten von Kain und Abel noch 25% der Menschen Mörder waren.

Willst du gerade, und Gott will **krumm**, so denke: „Gott ist weise und ich bin dumm."

Küsse sind das, was von der Sprache des Paradieses übrig geblieben ist. *Joseph Conrad*

Zwei Frauen unterhalten sich, sagt die eine: „Ich habe einen Bekannten, der arbeitet bei der Kirche." – „**Küster**?" – „Und wie!"

L **L**

Wenn du bereit bist, das **Lächerliche** zu tun, wird Gott das Unmögliche tun. *Colton Wickramaratne*

Unser **Leben** wird nicht genommen, sondern in ewiges Leben verwandelt.

Nur der kann bei **Leid** Gott fragen, warum er es zulässt, der auch bei Glück fragt, warum gerade ihm das zufällt.

> Gottes **Liebe** brauchen wir nicht von uns aus zu produzieren, sondern lediglich von ihm aus zu reflektieren.
>
> *Hans-Joachim Eckstein*

Glauben ohne Liebe macht fanatisch.
Pflicht ohne Liebe macht verdrießlich.
Ordnung ohne Liebe macht kleinlich.
Macht ohne Liebe macht gewalttätig.
Gerechtigkeit ohne Liebe macht hart.
Ein Leben ohne Liebe macht krank.

In den modernen **Liederbüchern** kommt das Wort „Hallelujah" viele hundert Mal vor, auf den 1400 Seiten der Bibel nur 27-Mal, also auf jeder 51. Seite.

„Lieber Gott, warum hast du das kleine **Mädchen** nicht gerettet, das in seiner Klasse getötet worden ist? Mit freundlichem Gruß, ein besorgter Student." – „Lieber besorgter Student, man lässt mich in die Schulen ja nicht rein. Mit freundlichem Gruß, Gott!"

Ist **Make-up** dick aufgetragene Kritik am Schöpfer?

Gott muss ein **Maler** sein, warum sonst haben wir so viele Farben?

Jesus gab einen **Missionsbefehl**, keine Missionsvorschläge. *(Matthäus 28,19-20)*

N

Nächstenliebe sagt sich so leicht.

Nichtchristen wissen immer, wie sich Christen verhalten sollten – woher eigentlich?

Nachdem Gott mitbekommen hat, was Menschen alles in seinem Namen verbrochen haben, hat er sich jetzt entschieden, beim Ordnungsamt einen Antrag auf Namensänderung einzureichen.

Es gibt Leute, die wirken ganz **normal**, aber sie glauben allen Ernstes an Gott!

S

„Zum **Schluss** eine gute und eine schlechte Nachricht. Die gute: Wir haben für den Umbau der Kirche genug Geld. Jetzt die schlechte: Das Geld ist noch in euren Taschen."

Warum ist es in amerikanischen **Schulen** verboten zu beten, obwohl auf dem Dollar steht: „In God we trust"?!

Sollte man als Christ auch den 10. vom **Schwarzgeld** geben?

Wahr ist und wird, dass Gott **segnet**, was ihr tut, wenn ihr tut, was Gott segnet.

Viele Menschen wünschen sich Unsterblichkeit, wissen aber nichts mit sich anzufangen an einem verregneten **Sonntagnachmittag**.

Wir sind nicht erschöpfter **Staub**, sondern aus Staub veredelte Geschöpfe!

Manche denken, dass Gott sie an eine bestimmte **Stelle** gestellt hat. Hat er aber nicht. Er stellt uns nicht hin, sondern schickt uns auf den Weg!

Gott stirbt nicht an dem Tag, an dem wir nicht mehr an ihn glauben, aber wir sterben.

Jesus war definitiv ein **Student**! Er hatte lange Haare, trug Sandalen, und wenn er mal etwas tat, dann war es ein Wunder!

> **Sünde** ist kein Tätigkeitswort, sondern ein Zustand.

Wie kommt eigentlich die Sünde ins Kind? Durch die Umstände? Und wie kommt die Sünde in die Umstände?

Die 7 Sünden der Weltwirtschaft

❶ Politik ohne Prinzipien
❷ Wohlstand ohne Arbeit
❸ Handel ohne Moral
❹ Vergnügen ohne Gewissen
❺ Erziehung ohne Charakter
❻ Wissenschaft ohne Menschenbild
❼ Gottesdienst ohne Opfer

Jim Wallis

Nicht für seine Sünden, sondern durch sie wird der Mensch bestraft. *Elbert Hubbard*

Die Sünde der Empfindlichkeit, die in der Gemeinschaft so rasch aufblüht, zeigt immer wieder, wie viel falsche Ehrsucht – und das heißt doch, wie viel Unglaube – noch in der Gemeinschaft lebt. *Dietrich Bonhoeffer*

Die meisten Menschen beichten am liebsten die Sünden anderer Menschen!

T

Drei **Tankstellen**: Morgenandacht, Mittagan-dacht, Abendandacht.

Das Neue **Testament** ist der einzige Krimi, der eindeutig den Leser als Täter enttarnt.

Es gibt „Kleintaufen" in den großen Kirchen und es gibt „Großtaufen" in den kleinen Kirchen.

Hadere nicht mit Gott, weil er den **Tiger** schuf. Er schuf ihn ohne Flügel. Dafür sei dankbar.

Gott sagt: „Mach reinen **Tisch**, und dann komm an mei-nen Tisch!"

Ich bin zwar nicht **getauft**, dafür aber geimpft.

Tod tut weh – und das für immer!

Wenn Gott tot ist, ist jede Moralität der Liebe und Menschenrechte ohne Grundlage.
Friedrich Nietzsche

Der Teufel ist ein **Transvestit**, einmal tritt er mit weißer Magie, das andere Mal mit schwarzer auf. Beide Male bleibt er der Teufel.

„Lass dich **überraschen**", sagte Jesus zu seinen Freunden, drei Tage, nachdem sie ihn beerdigt hatten. Fortsetzung folgt Ostern in einer Kirche Ihrer Nähe.

Bei einer **Untersuchung** ist herausgekommen, dass Christen weniger schwarzfahren, schwarzarbeiten und weniger Steuern hinterziehen.

Müsste der Staat Mission und Evangelisation nicht eigentlich finanziell fördern, um seinen Schuldenberg abzubauen?

V

Christ ist erschienen, uns zu **versöhnen**. Was die Werbeindustrie zu Weihnachten daraus gemacht hat: „Christ ist erschienen, uns zu verwöhnen."

Wenn bei einer **Wallfahrt** nur gegangen wird und nicht gefahren, warum heißt es dann Wallfahrt und nicht Wallgang?

Weihnachten wird nicht unter dem Weihnachtsbaum entschieden!

Falls Gott die **Welt** geschaffen hat, war seine Hauptsorge sicher nicht, sie so zu machen, dass wir sie verstehen können.

> Jesus schenkt lieber täglich als zu Weihnachten jährlich.

Albert Einstein

„**Wer** vor mir ist, kann mir nicht folgen."
Jesus (Matthäus 16)

Gott liebt uns nicht, weil wir so **wertvoll** wären, sondern wir sind wertvoll, weil er uns liebt.
Helmut Thielicke

Gott kann aus einer **Wunde** ein Wunder machen.

Wünsche dürfen wir Gott gegenüber äußern, sollten die Erfüllung aber ihm überlassen.

Z

Es stimmt nicht, dass die **Zukunft** der Gemeinde die Jugend ist. Die Zukunft der Jugend ist die Gemeinde.

Das Wort **„zwangsläufig"** ist eine atheistische Kategorie.

„Lieber Gott, wir sind doch hier zu **zweit**! Warum rede ich eigentlich nur immer!?" – „Vielleicht deshalb, weil von uns beiden nur ich zuhöre."

Letzte Worte

... **der Airbus-Crew:** „Da blinkt ein Lämpchen – ach, vergessen wir's."

... **des AKW-Sicherheitschefs**: „Bei uns kann so etwas nicht passieren!"

... **des Architekten:** „Da fällt mir doch was ein ..."

... **des Astronauten**: „Nein, nein, meine Luft reicht noch eine Viertelstunde."

... **des Autofahrers:** „Wenn der Typ nicht abblendet, mache ich es auch nicht!"

... **von Ayrton Senna:** „Irgendetwas klappert hier!"

... **des BMW-Fahrers:** „Der LKW wird doch wohl nicht etwa ausscheren?"

... **des Baustatikers:** „Ich glaube, da habe ich mich irgendwo verrechnet."

... **des Bergsteigers:** „Dieser Karabinerhaken war gar nicht mal so teuer."

... **des Bettnässers:** „Ich mach mal die Heizdecke an."

... **des Biologen:** „Diese Schlange kenne ich, die ist nicht giftig!"

... **des Blinden:** „Ich habe es kommen sehen!"

... **des Börsianers:** „Sofort alles kaufen!"

... **des Bombenentschärfers:** „Ich schneide jetzt den roten Draht durch!"

Wie viele **Atheisten** braucht man, um eine Glühbirne reinzudrehen? Keinen! Weil er nur glaubt, was er sieht, sucht der Atheist die Glühbirne im Dunkeln erst gar nicht. Und wie viele Psychotherapeuten braucht man dazu? Einen! Aber die Glühbirne muss es auch wirklich wollen!

Was haben U-Boote und **Computer** gemeinsam? Sobald das Fenster auf ist, gehen die Probleme los!

Unterschied zwischen Gott und einem Computer? Der Computer verzeiht dir keine Fehler!

Was kann man vom **DAX** lernen? Auch mal nachzugeben.

Was sagte Gott, als er das Ruhrgebiet erschuf? „**Essen** ist fertig!"

Was ist schlimmer, als einen Wurm in einem Apfel zu finden? Einen halben Wurm in einem Apfel zu finden.

Was wäre gewesen, wenn das Paradies und der Sündenfall in China stattgefunden hätten? Der Apfel wäre am Baum geblieben und die Schlange wäre verspeist worden.

Warum verstehen sich Enkel und Großvater so gut? Der gemeinsame **Feind** verbindet.

Warum ist geteilte **Freude** doppelte Freude, geteiltes Leid aber nur halbes Leid? Weil die ganze Teilerei sonst nur ein Viertel so viel Spaß machen würde.

Was haben ein **Kino** und der Krieg gemeinsam? Hinten sind die besten Plätze.

Warum fällt es Frauen so schwer, aus der **Küche** zu kommen? Es liegt an der Herdanziehungskraft.

Wie heißt der **Teufel** mit Vornamen? Pfui!

Was ist paradox? Wenn man ein eingefleischter **Vegetarier** ist.

Solange man den **Bären** nicht erlegt hat, sollte man sein Fell nicht verkaufen.

Was macht eine **Biene** mit Kopftuch? Türkischen Honig.

Die kleinste Biene sammelt täglich mehr Honig als der Elefant in einem Jahr.

Manche **Hähne** glauben, dass die Sonne ihretwegen aufgeht. *Theodor Fontane*

Sagt der **Hase** zum Schneemann: „Mohrrübe her, oder ich föhn dich!"

Hummeln können nur deshalb fliegen, weil sie nichts von Aerodynamik verstehen.

Ein Kaktus, der laufen kann, ist kein Kaktus, sondern ein **Igel**.

Zwei Zahnstocher gehen einen Berg hoch, plötzlich überholt sie ein Igel. Sagt der eine Zahnstocher zum anderen: „Wenn ich gewusst hätte, dass hier ein Bus hochfährt ..."

Katzen erreichen mühelos, was uns Menschen versagt bleibt: durchs Leben gehen, ohne Lärm zu machen. *Ernest Hemingway*

Hilft Katzenfell gegen Rheuma? Ja, aber nur, wenn die Katze noch drin steckt.

Mücken fliegen gegen Fenster, um frei zu sein.

Dass Gott ziemlich viel Humor hat, beweist die Existenz von **Nilpferden**.

Schwarze **Schafe** sind die einzigen Tiere, die nicht aussterben.

Was den Menschen vom **Tier** unterscheidet, sind seine Geldsorgen.

Kirchenlieder

Das Nivea-Lied: „Warum sollt ich mich denn cremen" *(EG 370)*

Das Fußballer-Lied: „Nun lasst uns geh'n und treten" *(EG 58)*

Das Fernfahrerlied: „Gute Nacht, du Stolz und Pracht; dir sei ganz, du Lasterleben, gute Nacht gegeben." *(EG 396,5)*

Das Waldarbeiterlied: „Alles ist an Gottes Sägen und an seiner Gnad gelegen ..." *(EG 352,1)*

Das Metzgerlied: „O dass ich tausend Zungen hätte" *(EG 330)*

Das Lied der Altfrauenhilfe: „Der Herr allein ist König, ich eine welke Blum." *(EG 302,8)*

Das Lied der Kirchgänger: „Liebster Jesu, wir sind vier" *(EG 161,1)*

Lied nach der Predigt zu singen: „Wachet auf, ruft uns die Stimme" *(EG 147)*

Das Dr. Oetker-Lied: „Ich will dich lieben, meine Stärke" *(EG 400)*

Das Lied des Porschefahrers bei versagender Bremse: „Herr, nun selbst den Wagen halt" *(EG 242)*

Das Lied der Taucher: „Ich habe nun den Grund gefunden" *(EG 354)*

Das Lied der Nassrasierer: „O Haupt voll Blut und Wunden" *(EG 85)*

Lied der nostalgischen Isetta-Fahrer: „Macht hoch die Tür, die Tor macht weit" *(EG 1)*

Lied der Mercedesfahrer: „Stern, auf den ich schaue" *(EG 407)*

Das Lied der Hafenarbeiter: „Es kommt ein Schiff geladen" *(EG 8)*

Das Lied der Kreislaufpatienten: „Fröhlich soll mein Herze springen" *(EG 36)*

Das Lied adoptionswilliger Paare: „Ihr Kinderlein, kommet" *(EG 43)*

Das Lied verwaister Schafe: „Kommet, ihr Hirten" *(EG 48)*

Das Lied der Spediteure: „Zieh ein zu deinen Toren" *(EG 133)*

Das Lied der Oppositionsparteien (egal, welcher Regierung): „Wach auf, wach auf, du deutsches Land" *(EG 145)*

Das Loblied der Parfümerie-Verkäuferinnen: „Jubilate Deo" *(EG 181,7)*

Das Lied der Justizangestellten: „Kommt her, ihr seid geladen" *(EG 213)*

Das Lied der Pyromanen: „O dass doch bald dein Feuer brennte" *(EG 255)*

Das Lied erfolgloser Pfadfinder: „Herr, wohin sollen wir gehen" *(EG 261)*

Das Lied der Optiker: „Strahlen brechen viele aus einem Licht" *(EG 268)*

Das Lied der Rockmusiker bei Stromausfall: „Man lobt dich in der Stille" *(EG 323)*

Das Lied der Langstreckenläufer: „Such, wer da will, ein ander Ziel" *(EG 346)*

Das Lied der Börsianer: „Es mag sein, dass alles fällt" *(EG 378)*

Das Lied der Sanitäter: „Ja, ich will euch tragen" *(EG 380)*

Das Lied der Eltern nach dem Einkaufen: „Kommt, Kinder, lasst uns gehen" *(EG 393)*

Das Lied der Bergsteiger: „Nun aufwärts froh den Blick gewandt" *(EG 394)*

Das Lied der Nebelschiffer: „Tuuuuuuuuuuuuu-uut mir auf die schöne Pforte" *(EG 166)*

Das Lied der Kaffeetrinker: „Mein Herze geht in Sprüngen ..." *(EG 351,13)*

Weicheier

Sauna-unten-Sitzer

Festnetztelefonierer

Backofenvorheizer

Seerosen-Gießer

Mahngebühren-Bezahler

Koffeinfrei-Trinker

Beipackzettel-Leser

Mittelspurfahrer

Christbaumkugelnpolierer

Süßfrühstücker

Vorgesetzten-Aktenkofferträger

Kissenknicker

Käserinden-Abschneider

Ampel-Gelb-Bremser

Apfel-Schäler

Folien-Griller

Vorwärts-Einparker

Chef-Grüßer

Handschuh-Träger

In-Fahrtrichtung-Sitzer

Lametta-Bügler

Weicheier

Sockenfalter

Mandarinen-Entkerner

Mit-Besteck-Esser

Brustbeutel-Träger

Neujahrs-Nichtraucher

Klamotten-am-Vortag-Rausleger

Frauennamen-Annehmer

Verfallsdatum-Leser

Warmbadetag-Schwimmer

Vorabend-Einchecker

Benzinpreis-Vergleicher

Brötchen-über-der-Spüle-Aufschneider

Sitzpinkler

Zahnarzt-Termin-Verschieber

Traubenkern-Ausspucker

Schlafzimmerheizer

Enten-Fütterer

Mondfinsternis-Aufsteher

Garagenparker

Tastatur-Abdecker

Standheizungs-Fernbediener

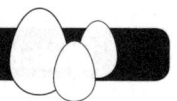

Comic-Socken-Träger

Happyend-Heuler

Pauschalurlauber

Landungsklatscher

Alle-die-mich-kennen-Grüßer

Handbuch-Leser

Reh-Streichler

Abspann-Gucker

Wärmflaschen-Schläfer

Balkon-Raucher

Stummrülpser

Duftbaum-Fahrer

Einfach-Millionär

Chef-Witz-Lacher

Labello-Benutzer

Pfützen-Umläufer

Räumfahrzeug-hinterher-Fahrer

Weinschorle-Trinker

Buch-zum-Film-Leser

Zahnpasta-Tuben-Aufwickler

Sitz-Bügler

Weicheier

Cabrio-Geschlossen-Fahrer

In-die-Hand-Huster

Handy-am-Gürtel-Träger

Rabatt-Marken-Sammler

Semmel-Brösel-Sortierer

Sitzplatz-Reservierer

Benzinverbrauch-Ausrechner

Aspirin-vor-dem-Schlafengehen-Einnehmer

Abschieds-Heuler

Bei-Mami-Wascher

Gewinn-Mitnehmer

Haustür-Zweifach-Abschließer

Teletubbies-zurück-Winker

Überraschungsei-Schüttler

Wechselgeld-Nachzähler

Kassenzettel-Nachprüfer

Kinder-Karussell-Fahrer

Rechte-Wange-linke-Wange-Bussi-Geber

Glatzenkämmer

Samstags-Auto-Wascher

Zwei-Ärzte-Aufsucher

Geheimzahl-Aufschreiber

Kanaldeckel-Ausweicher

Bei-Gefahr-Dackel-Hochnehmer

Hörnchen-Tunker

Umgehungsstraßen-Befürworter

Supi-Sager

Spülhandschuh-Träger

„Bitte-keine-Werbung"-auf-Briefkasten-Kleber

Christliche Weicheier

Pastor-trotz-langweiliger-Predigt-Dankesager

Netto-Lohn-Zehnten-Spender

Buch-Mose-im-Neuen-Testament-Sucher

Wegen-christlicher-Termine-keine-Zeit-für-
persönliche-Beziehung-mit-Jesus-Haber

Nach-fünfminütiger-Gottesdienstverlänge-
rung-sich-Aufreger

Warmwasser-Getaufter

Jungschar-Feuer-mit-Streichholz-Anzünder

Perfekte-Gemeinde-Sucher

Mit-Fischen-beklebtem-Auto-Vortritt-Lasser

Aus wahren Gesprächen zwischen Azubis

Prüfer: Wie heißt die Hauptstadt Deutschlands?

Azubi: Berlin.

Prüfer: Bevor Berlin Hauptstadt wurde, welche Stadt war da Hauptstadt?

Azubi: Da war Deutschland noch DDR, mit Hitler und so!

Prüfer: Ach so? Wie hieß denn die Hauptstadt, bevor Berlin es wurde?

Azubi: Frankfurt, oder?

Prüfer: Wie, Frankfurt, oder? Frankfurt/Oder oder Frankfurt/Main?

Azubi: Jetzt weiß ich! Karlsruhe!

Prüfer: Wie viele Tage hat ein Jahr?

Azubi: 365.

Prüfer: Gut! Und in Schaltjahren?

Azubi: Einen mehr oder einen weniger, weiß nicht so genau.

Prüfer: Überlegen Sie mal in Ruhe.

Azubi: Glaub, einen weniger.

Prüfer: Sind Sie sicher?

Azubi: Dann einen mehr!

Prüfer: Okay, wo kommt denn der zusätzliche Tag hin?

Azubi: Ich glaub, der wird in der Silvesternacht eingeschoben.

Prüfer: Wie bitte?

Azubi: Nee, Quatsch, das ist mit Sommerzeit, oder?

Prüfer: Es wird ja ein ganzer Tag irgendwo eingeschoben, da wäre es ja sinnvoll, wenn man einen Monat nimmt, der sowieso weniger Tage hat. Welcher könnte das denn sein?

Azubi: Jetzt weiß ich, Februar!

Prüfer: Na also! Wissen Sie auch, wie oft wir Schaltjahre haben?

Azubi: (freudestrahlend): Ja, weiß ich ganz genau, alle vier Jahre, weil eine Cousine hat nämlich alle vier Jahre keinen Geburtstag!

Prüfer: Wer war eigentlich John F. Kennedy?

Azubi: Der war wichtig, oder?

Prüfer: (schaut nur fragend)

Azubi: Nicht von Deutschland oder so ...

Prüfer: Nein.

Azubi: Hab ich auf jeden Fall schon mal gehört, gibt es 'nen Film von.

Prüfer: Ja, aber wer war das?

Azubi: Hat der was erfunden?

Prüfer: (schaut fragend)

Azubi: Krieg oder so?

Prüfer: Wissen Sie, ob Deutschland eine Demokratie oder eine Monarchie oder eine Diktatur ist?

Azubi: Weiß ich nicht so genau, war früher ja alles anders.

Prüfer: Ja, früher waren wir auch mal Monarchie.

Azubi: Ja, weiß ich, mit Hitler.

Prüfer: Nicht ganz, aber was ist mit heute?

Azubi: Das hat sich ja erst neulich geändert.

Prüfer: Das wäre mir neu! Wann soll sich das denn geändert haben?

Azubi: So mit Mauerfall und so.

Prüfer: Was ist ein Euro-Scheck?

Azubi: Kannste Euro mit bezahlen, außer im Urlaub.

Prüfer: Erklären Sie mir bitte, was ein Dreisatz ist.

Azubi: Mit Anlauf und dann weit springen.

Prüfer: Was sind so Ihre Hobbys?

Azubi: Lesen, Musik und Rumhängen.

Prüfer: Was lesen Sie denn so?

Azubi: Programmzeitschrift.

Prüfer: Wir haben seit einigen Jahren den Euro als Währung. Wie hieß die Währung davor?

Azubi: Dollar!

Prüfer: Nein, das ist die Währung in Amerika.

Azubi: Ah, Moment, jetzt weiß ich es: D-Mark.

Prüfer: Na also! Was heißt denn das ‚D‘ in D-Mark?

Azubi: Demokratie?

Prüfer: Zwei Züge stehen 100 Kilometer voneinander entfernt und fahren dann mit genau 50 km/h aufeinander zu. Bei welchem Streckenkilometer treffen sich die Züge?

Azubi: Kommt drauf an!

Prüfer: Worauf kommt es an?

Azubi: Ob die nicht vorher schon zusammenstoßen.

Prüfer: Haben Sie eine Ahnung, wer die Geschwister Scholl waren?

Azubi: Nö.

Prüfer: Ich sehe aber in den Unterlagen, dass Sie zehn Jahre auf der Geschwister-Scholl-Schule waren.

Azubi: Geschwister Scholl (Pause) ... Geschwister Scholl (Pause) ... Nee, keine Ahnung.

Prüfer: Schon mal was von der ‚Weißen Rose‘ gehört?

Azubi: Aaaaah! Jetzt fällt‘s mir ein: Musik, oder?

Prüfer: In welchem Land ist die Königin von England Königin?

Azubi: Wollen Sie mich auf den Arm nehmen?

Prüfer: (mit Unschuldsmiene) Nein, wieso?

Azubi: Weil die schon tot ist!

Prüfer: Nennen Sie mir doch bitte drei skandinavische Länder!

Azubi: Schweden, Holland und Nordpol.

Prüfer: Wie viele Ecken hat ein Quadrat?

Azubi: (nimmt den Taschenrechner) Sagen Sie mir noch die Höhe, bitte!

Prüfer: Julius Cäsar, schon mal gehört? Wer war das eigentlich?

Azubi: Hat der nicht Jesus hinrichten lassen, so mit Bibel und so kenn ich mich nicht aus, bin evangelisch.

Prüfer: Nennen Sie mir doch bitte drei große Weltreligionen.

Azubi: Christentum, katholisch und evangelisch.

Prüfer: Der Papst lebt im Vatikan. Wo aber bitte liegt der Vatikan?

Azubi Ist ein eigener Staat.

Prüfer: Ja, richtig, aber der Vatikanstaat ist komplett vom Staatsgebiet eines anderen Landes umschlossen.

Azubi: Hmmmm ...

Prüfer: (will helfen) Aus dem Land kommen viele Eisverkäufer.

Azubi: Langnese, oder was?

Prüfer: Wenn ein Sack Zement 10 Euro kostet und der Preis jetzt um 10 % erhöht wird, wie teuer ist er dann?

Azubi: Mit oder ohne Mehrwertsteuer?

Prüfer: Es geht jetzt nur um den Endpreis.

Azubi: (rechnet wie wild mit dem Taschenrechner)

Prüfer: Und?

Azubi: Elf.

Prüfer: Elf was?

Azubi: Prozent.

Prüfer: Sagen Sie mir einfach: 10 Euro plus 10 Prozent, wie viel ist das?

Azubi: 10 plus 11 ist 21!

Prüfer: Was ist die Hälfte von 333?

Azubi: 150 Rest 1.

Prüfer: In welcher Stadt steht der Reichstag?

Azubi: Vor oder nach der Wende?

Prüfer: Heute.

Azubi: Ist jetzt nicht mehr Deutschland, oder?

Prüfer: Wer war Helmut Kohl?

Azubi: Kann ich jemanden anrufen?

Prüfer: Durch welches Ereignis wurde der Erste Weltkrieg ausgelöst?

Azubi: Ui, so was dürfen Sie mich nicht fragen. (Kicher)

Prüfer: Doch, überlegen Sie mal, das könnten Sie wissen.

Azubi: Fragen Sie mich was von Next Generation, und das weiß ich!

Prüfer: In einer Waschmaschine benötigen Sie pro Waschgang 100 Gramm Waschpulver. In einem Karton sind 10 Kilogramm. Wie oft können Sie damit waschen?

Azubi: Ja, wie jetzt?

Prüfer: 10 Kilogramm haben Sie, jedes Mal verbrauchen Sie 100 Gramm.

Azubi: Ich hab ja nix an den Ohren.

Prüfer: Ja, und die Antwort?

Azubi: Ey, ich lern Reisebürokaufmann, nicht Waschfrau.

Prüfer: Gut, ein Reiseprospekt wiegt 100 Gramm. Sie bekommen einen Karton von 10 Kilogramm. Wie viele Prospekte sind da drin?

Azubi: Das ist voll unfair!

Prüfer: Das ist doch ganz einfach.

Azubi: Weiß ich auch.

Prüfer: Dann rechnen Sie doch mal.

Azubi: Was?

Prüfer: 100 Gramm jeder Prospekt, 10 Kilo im Karton …

Azubi: Komm, mach dein Kreis, dass ich durchgefallen bin, so'n Scheiß mach ich nicht!

Warum es toll ist, ein Mann zu sein

▷ Telefongespräche sind innerhalb von 30 Sekunden beendet.

▷ Für einen Fünf-Tage-Urlaub reicht ein Koffer.

▷ Du kannst alle Marmeladengläser selbst öffnen.

▷ Alte Freunde bemitleiden dich nicht, wenn du zunimmst.

▷ Beim Zappen bleibst du nicht hängen, wenn jemand weint.

▷ Du schleppst keine Taschen mit unnötigen Dingen mit dir herum.

▷ Alles in der Werkstatt gehört dir.

▷ Du kannst dich duschen und anziehen in 10 Minuten.

▷ Wenn jemand vergisst, dich einzuladen, ist er nach wie vor dein Freund.

▷ Deine Unterwäsche im 3er-Pack kostet 18 Euro.

▷ Du brauchst dich nicht unterhalb deines Halses zu rasieren.

▷ Niemanden interessiert es, wenn du mit 34 noch Single bist.

▷ Du kannst deinen Namen in den Schnee schreiben.

▷ Alles in deinem Gesicht behält seine Originalfarbe.

Warum es toll ist, ein Mann zu sein

▷ Drei Paar Schuhe sind mehr als genug.

▷ KFZ-Mechaniker erzählen dir die Wahrheit.

▷ Dich interessiert es einen Dreck, ob jemand deine neue Frisur erkennt.

▷ Du bist immer in der gleichen Stimmung.

▷ Die Fernbedienung gehört dir, nur dir.

Auf die Perspektive kommt es an!

Ich bin dankbar ...

für die Steuern, die ich zahle,
→ weil das bedeutet, ich habe Arbeit und Einkommen.

für die Hose, die ein bisschen zu eng sitzt,
→ weil das bedeutet, ich habe genug zu essen.

für das Durcheinander nach einer Feier, das ich aufräumen muss,
→ weil das bedeutet, ich war von lieben Menschen umgeben.

für den Rasen, der gemäht, die Fenster, die geputzt werden müssen,
→ weil das bedeutet, ich habe ein Zuhause.

für die laut geäußerten Beschwerden über die Regierung,
➜ weil das bedeutet, wir leben in einem freien Land und haben das Recht auf freie Meinungsäußerung.

für die Parklücke, ganz hinten in der äußersten Ecke des Parkplatzes,
➜ weil das bedeutet, ich kann mir ein Auto leisten.

für die Frau, die in der Gemeinde hinter mir sitzt und falsch singt,
➜ weil das bedeutet, dass ich gut hören kann.

für die Wäsche und den Bügelberg,
➜ weil das bedeutet, dass ich genug Kleidung habe.

für die Müdigkeit und schmerzenden Muskeln am Ende eines Tages,
➜ weil das bedeutet, dass ich fähig bin, hart zu arbeiten.

für den Wecker, der morgens klingelt,
➜ weil das bedeutet, mir wird ein neuer Tag geschenkt.

(Quelle: unbekannt)

Habe versucht, anzurufen »

> Habe versucht, Spiderman anzurufen, aber der hatte kein Netz. Bin dann ins Krankenhaus gefahren, um mich verbinden zu lassen.

> Habe versucht, den DJ anzurufen, aber der hat sofort wieder aufgelegt.

> Habe versucht, in Afghanistan anzurufen, aber da war ständig besetzt.

> Habe versucht, bei Weight-Watchers anzurufen, hat aber keiner abgenommen.

> Habe versucht, die Merkel anzurufen, habe aber vergessen zu wählen.

> Habe versucht, die Töpferei anzurufen, geht aber nur das Tonband ran!

> Habe versucht, beim „Wurstbrot" anzurufen, war aber belegt.

> Habe versucht, beim Flughafen anzurufen, aber da hebt niemand ab.

> Habe versucht, beim Postamt anzurufen, da ging irgendwann die Mailbox ran.

Christliche Bauernregeln

✛ Der Pfarrer ist ein rauer Vetter, ständig macht er Donnerwetter.

✛ Findest du den Gott im Wald, bleibt dei Kirchenbänkla kalt!

✛ Hast du Weihrauch bis zur Unterlippe, ist dir alles völlig schnippe!

✛ Hat die Pfarrerskuh gekalbt, spricht der Pfarrer schön gesalbt.

✛ Ist der Bauer tot und hin, hat der Pfarrer an Termin!

✛ Ist der Wein mal wieder sauer, wird der Ton des Pfarrers rauer.

✛ Kommt nach der Trockenheit der Dauerregen, hat's die Gebetsgemeinschaft wieder übertrieben.

✛ Spricht der Priester nicht zur Wand, ist er sicher Protestant.

✛ Taucht der Wal drei Tage nicht auf, ist bestimmt ein Jona im Bauch.

✛ Wenn die Tage kürzer werden, hagelt es bei Gott Beschwerden.

✛ Wenn's bei der Predigt Zwölfe schlägt, der Konfirmand die Bank zersägt.

- ✟ Wenn im Hof der Pfarrer parkt, wird nervös des Bauers Magd.

- ✟ Wenn die Jungen über die Orgel schimpfen, die Alten die Nase übers Schlagzeug rümpfen.

- ✟ Wo Methodisten sind, zwei oder drei, ist ein Opferkörbchen mit dabei.

Sprichwörtliches

Viele werfen die Flinte ins Korn, weil sie bei Redewendungen mit ihrem Latein am Ende sind. Es geht ja auch auf keine Kuhhaut, wie viele Menschen alte Redensarten nicht mehr verstehen und von Tuten und Blasen keine Ahnung haben, weil ihnen diese Ausdrücke spanisch vorkommen. Aber anstatt dazustehen wie die Ölgötzen, sollten sie lieber diese Scharte auswetzen. Denn wenn sie alles auf die lange Bank schieben, können sie nur Maulaffen feilhalten.

Männer nach biblischem Vorbild

♣ Wir brauchen Männer mit ...

♣ Hiobs Geduld,

♣ Abrahams Glauben,

♣ Josefs Selbstbeherrschung,

♣ Moses Entschlossenheit,

♣ Elias wirksamem Gebet,

♣ Daniels Ausdauer,

♣ Paulus' Durchhaltevermögen,

♣ Petrus' und Johannes' Kühnheit,

♣ Zachäus' Konsequenz,

♣ Marthas Dienstbereitschaft,

♣ Davids Kühnheit

♣ und der Liebe Jesu.

Aber ...

▸ Hiob war pleite,

▸ Abraham war uralt,

▸ Josef war ein Aufschneider,

▸ Mose war ein Mörder, hatte einen Sprachfehler und stotterte,

▸ Jakob war ein Lügner,

▸ Elia war selbstmordgefährdet,

- ▸ Daniel war ein Ausländer,
- ▸ Paulus war ein Christenverfolger,
- ▸ Petrus verleugnete Christus, und Johannes war exzentrisch,
- ▸ Zachäus war völlig unbeliebt,
- ▸ Martha war eifersüchtig,
- ▸ und David hatte Familienprobleme.

Also:

Wozu noch Ausreden? Ich bin zu alt, zu jung, zu blöd, zu traurig, zu untauglich, zu beschäftigt, um Gott zu dienen?

Es kommt im Leben nicht auf Sprüche an – so schön und interessant sie auch sind –, sondern darauf, ob wir sie auch umsetzen! Reden können viele, Sprüche machen auch, aber ob wir das auch leben, was wir proklamieren, oder als Aufkleber am Auto kleben haben, was wir „toll" und wichtig finden, das ist noch die Frage.

Ich kenne keinen außer Jesus Christus, bei dem Worte und Taten wirklich im Einklang miteinander standen. Jesus war kein Sprücheklopfer, sondern ein Täter. Und das hat ihm auch kräftig Konflikte bereitet, die sogar so weit gingen, dass man ihn umgebracht hat.

Einige, die diesem Jesus glauben, ihm vertrauen und ihm erlauben, ihr Handeln, Reden und Schweigen zu beeinflussen, erfahren, dass ihr Leben immer mehr von einer außergewöhnlichen Liebe, Gelassenheit, Barmherzigkeit und einem tiefen Frieden ausgefüllt wird. Und dabei üben sie immer mehr, von Sprüchen hin zu einem authentischen Leben zu kommen.

Und genau das wünsche ich Ihnen: dass die Sprüche runterkommen vom Auto, vom T-Shirt, vom Mikrofon, von Kanzeln, vom Plakat, von der Buchseite – und reingehen in die Herzen, in die Taten, in die Füße und Hände. Dass die Sprüche lebendig werden und Leben versprühen, Hoffnung geben, Müde ermutigen und die Selbstsicheren etwas verunsichern.

Ihr Arno Backhaus

Lieblingswitz schicken und Einkaufsgutscheine absahnen!

So geht's: Sie schicken uns Ihren Lieblingswitz! Unter den Einsendungen wählt eine Jury bis zum 31.12.2014 alle sechs Monate die drei lustigsten Sprüche und Witze aus. Den Gewinnern schenken wir einen Einkaufsgutschein für Brendow-Bücher oder Nonbooks im Wert von 50,00 € (erster Platz) oder 20,00 € (weitere Sieger).
Die prämierten Texte werden auf der Brendow-Website veröffentlicht und erscheinen im nächsten Band von Arnos „Widersprüchliches zum Lach(denk)en"!

Einsendungen einfach per Mail:
info-verlag@brendow.de,
Post: Brendow Verlag,
Gutenbergstraße 1, 47443 Moers oder
Fax: 02841-809 210.

Wir wünschen viel Erfolg und vor allem:
Viel Spaß!

Arno Backhaus kann man übrigens auch einladen, allein oder mit seiner Frau Hanna:

- ⮱ zu einem Vortrag über AD(H)S
- ⮱ zu einem Vortrag über Humor für Frühstückstreffen für Männer oder/und Frauen
- ⮱ zu einem Konzert „Lieder, Texte & Persönliches – zum Überleben und Totlachen"
- ⮱ zu einer „Kinder-Überraschung" mit Spiel, Spaß & Gags (mit oder ohne Erwachsene)
- ⮱ zu einem Seminar „Kommunikation & missionarischer Lebensstil"
- ⮱ zu einer „Laugh-Parade" mit viel Klamauk, Gags, Witzen, Songs und Volkstanz

Hier können Sie die unterschiedlichen Programme für Jung und Alt unverbindlich anfordern:

Hanna & Arno Backhaus
Hauptstraße 13 · 34379 Calden (bei Kassel)
Tel.: 05677-1343 · bauchladen@arno-backhaus.de
homepage: www.arno-backhaus.de
web-shop: www.arnobackhaus.de

Arnos Medien-Parade

Lache, und die Welt lacht mit dir! € 9,00

Lieber Lachfalten als Tränensäcke € 9,00

Lache über deinen Nächsten ... € 9,00

Bibel dir deine Meinung € 10,00

Arnos Advents- und Why-Nachtsbuch € 12,00

Woran starb das Tote Meer? € 9,00

Ach du Schreck! ADS € 16,00

Das wäre ja gelacht! € 10,00